PACELLI, RONCALLI E I BATTESIMI DELLA SHOAH

ANDREA TORNIELLI
MATTEO LUIGI NAPOLITANO

PACELLI, RONCALLI E I BATTESIMI DELLA SHOAH

PIEMME

I Edizione 2005

15033 Casale Monferrato (AL) - Via del Carmine, 5
Tel. 0142/3361 - Fax 0142/74223
www.edizpiemme.it

Stampa: arti grafiche TSG s.r.l., via Mazzini, 4 - Tel. 0141/598516 - Fax 594702 - 14100 ASTI

Al lettore

Il 28 dicembre 2004 ci stavamo crogiolando nel tepore delle vacanze natalizie con le nostre rispettive famiglie. Sarebbero state vacanze "di lavoro", un lavoro piuttosto intenso, ma quella mattina nessuno dei due poteva immaginarlo.

Andrea Tornielli era atteso a casa di un collega, in Brianza, per una festa con i bambini. Si era alzato come al solito piuttosto presto e aveva scorso come ogni mattina l'edizione *online* del «Corriere della Sera». A Roma, invece, Matteo Luigi Napolitano aveva acquistato una copia del quotidiano un po' più tardi, portando a spasso suo figlio Jordan e Milly, la sua *yorkshire*. L'impatto con quella che entrambi, per deformazione professionale, consideravamo "la notizia" del giorno – un articolo di Alberto Melloni che rivelava l'esistenza di un documento inedito contenente l'ordine di Pio XII di non restituire i bambini ebrei scampati alla Shoah e accolti nelle istituzioni cattoliche – era stato fortissimo.

Entrambi ci eravamo occupati di papa Pacelli, con libri, articoli, ricerche. Ne avevamo pure scritto uno insieme, pubblicato un anno fa dall'editore Piemme con il titolo *Il Papa che salvò gli ebrei*, sulla base dei documenti dell'Archivio Segreto Vaticano da poco resi disponibili per gli studiosi. Entrambi seguivamo con attenzione notizie, articoli e nuove pubblicazioni dedicate a questo tema spinoso e delicato. Un tema che come pochi altri era in grado di accendere gli animi, scatenare polemiche, riaprire ferite mai chiuse.

A fine mattinata di quel 28 dicembre ci siamo sentiti per telefono. Leggendo e rileggendo lo *scoop* del professor Melloni ci sembrava che qualcosa sfuggisse, ma nessuno dei due era in grado di dire che cosa. C'era la contrapposizione tra Pio XII e Roncalli (che può trovare una giustificazione se si paragonano i due Papi e i due diversissimi pontificati, differenti per durata e per circostanze storiche, ma che appare a nostro avviso fuori luogo se si pretende di dimostrarla in un'epoca nella quale il primo era il Papa e il secondo il fedele esecutore dei suoi ordini come nunzio apostolico), ma questo era ormai un *topos* ricorrente in certa storiografia post-conciliare: specie in quella nata nell'ambiente del cattolicesimo progressista che insiste troppo nel dividere la storia della Chiesa in due ere, quella precedente al concilio ecumenico Vaticano II e quella successiva, addossando alla prima tutto il male possibile.

Non ci aveva neanche impressionato (non era nemmeno questa la novità) la cattiva luce nella quale veniva presentato Pio XII, "insensibile" al dramma subìto dal popolo ebraico. No, la novità era il documento stesso: così come venivano presentate da un noto storico della Chiesa sulle colonne del più diffuso quotidiano italiano, quelle istruzioni attribuite al Sant'Uffizio sembravano scritte cento anni prima. Erano davvero ordini di Roma? Davvero la Chiesa cattolica all'indomani del tremendo conflitto mondiale che aveva registrato il più crudele, barbaro, massiccio e sistematico genocidio di massa di un popolo, si presentava così insensibile, così incapace di comprendere la situazione, anzi la peculiarità di quanto era accaduto nei campi di sterminio?

Diverse cose non quadravano: la mancata citazione precisa della fonte da cui il documento era stato tratto, la formula che lo chiudeva, certamente inusuale per il linguaggio curiale romano, la stessa lingua nella quale il documento era stato redatto. Un Papa italiano, anzi romano, quando chiedeva un parere al Sant'Uffizio (i cui membri erano italiani) lo otteneva in italiano (o al limite in latino) e le successive istruzioni, redatte da una Segreteria di Stato guidata da italiani che scrivevano a un nunzio apostolico italiano, sarebbero state certamente scritte nella nostra lingua. Dubbi, provocati da una prima lettura. Speravamo di saperne di più nei giorni successivi. Invece il dibattito suscitato dal documento era sfociato in una riflessione molto più ampia, sulla Chiesa e la *Shoah* e sulla coscienza stessa della *Shoah*.

Mentre sulle pagine culturali del «Corriere della Sera» si alternavano storici, editorialisti e autorevoli commentatori, noi, nel nostro piccolo, continuavamo a farci delle domande e a cercare delle risposte agli interrogativi che ci aveva suscitato il documento pubblicato il primo giorno. A nostro avviso era più interessante rimanere su quel testo, comprendere le circostanze che lo avevano generato, cercare di capire chi lo aveva redatto. Non bastava – come aveva fatto qualcuno reagendo alla lettura della nota pubblicata sul «Corriere» – semplicemente indignarsi, stracciarsi le vesti, lanciare invettive, peraltro dimenticando quasi sempre di esprimere anche soltanto una parola di gratitudine verso l'opera caritativa in favore degli ebrei messa in atto da cardinali, vescovi, preti, frati e suore, che spesso mettevano a repentaglio la loro vita – in diversi casi perdendola – per offrire evangelicamente un rifugio ai perseguitati.

La nostra ricerca non è stata vana. Con molto lavoro (nonostante le vacanze, trascorse con il cellulare sempre all'orecchio, il fax sempre acceso e l'e-mail in funzione) e un bel po' di fortuna, poco a poco i contorni si sono fatti più precisi, si è chiarito il contesto e già nei primi giorni di gennaio eravamo in grado di presentare, sulle pagine del «Giornale», una ricostruzione diversa da quella fornita il 28 dicembre da Melloni.

Non è il caso qui di citare alcunché, dato che il lettore troverà tutto nelle pagine successive. Basta soltanto anticipare che la nostra versione dei fatti presenta una realtà a nostro avviso molto più complessa di quella divulgata sul «Corriere della Sera».

Siamo anche finalmente riusciti a rintracciare negli archivi francesi il testo integrale del documento e del dispaccio originale contenente i veri ordini di Roma al nunzio Angelo Roncalli circa la restituzione dei bambini ebrei salvati dalle istituzioni cattoliche. Lo stesso Centro di documentazione dal quale era uscito il testo pubblicato da Melloni, ci aveva inaspettatamente (e inavvertitamente) "regalato" il testo autentico, quello francese, unito ad altri preziosi pezzi archivistici che rivelano, com'è ormai noto e come vedremo, qualche sostanziale differenza.

Abbiamo cercato di lavorare soltanto sui documenti, polemizzando il meno possibile ma facendolo quando lo ritenevamo necessario; abbiamo lavorato sulle carte e sulla loro interpretazione, attenti soprattutto a evitare che nell'interpretazione il nostro desiderio fosse padre del pensiero. Abbiamo fatto tutto ciò mossi unicamente dal desiderio di avvicinarci il più possibile alla verità storica.

I quasi cento anni trascorsi dal discusso e clamoroso caso Mortara (anche di questo daremo conto in un capitolo), la vicenda che vide coinvolto Pio IX, non erano trascorsi invano. Se la dottrina sul battesimo era rimasta la stessa, i tempi erano cambiati e nella stessa Santa Sede, sotto la guida di papa Pacelli, potevano coesistere atteggiamenti diversi. Il Sant'Uffizio dava i suoi pareri, ma accanto a quelle direttive ne esistevano altre più "politiche", più realiste, più favorevoli a risolvere positivamente i casi discussi sulla base del buon senso. Non sempre, insomma, i pareri del Sant'Uffizio – che in quanto supremo organo dottrinale doveva attenersi alla dottrina e quella riproporre e applicare al caso concreto – si trasformavano in ordini perentori. Non sempre la linea "morbida" auspicata dagli episcopati locali veniva soverchiata dagli «ordini agghiaccianti» della «gelida burocrazia» vaticana.

Questo libro riassume il lavoro di quei giorni, che è continuato sulle fonti nei mesi successivi. È il tentativo di offrire, a quanti hanno seguito la polemica sui giornali o ne hanno soltanto sentito parlare, uno strumento per riflettere su una pagina problematica di storia della Chiesa. Oltre la cronaca e soprattutto dopo che gli animi – almeno si spera – si sono un po' raffreddati.

Anche da questa, come da altre vicende, emerge a nostro avviso l'esistenza di "spazi di manovra" tra le formulazioni del Codice di Diritto canonico e l'azione concreta. C'erano vari modi con i quali Roma poteva comunicare o suggerire gli atteggiamenti che giudicava migliori alle Chiese locali. C'era la possibilità di formulare la dottrina facendo in modo di lasciare ai singoli vescovi la facoltà di discernere e di decidere come risolvere i casi contestati. Questo senza nulla togliere alla drammaticità dei casi discussi, alle storie dolorose dei bambini che nella stragrande maggioranza dei casi erano diventati orfani perché i loro genitori erano usciti inceneriti dai camini dei campi di sterminio nazisti. Ma anche senza nulla concedere alle semplificazioni, talvolta intrise di ideologia.

Non ci sono stati battesimi di massa e gli ebrei salvati dalla Chiesa non sono stati costretti ad abbracciare la fede cattolica. Nei casi in cui si registrarono degli abusi – non molti, come si vedrà – ai bambini era stato amministrato il sacramento senza il consenso delle gerarchie. E per quanto riguarda la coscienza della *Shoah* e del suo significato profondo per il popolo ebraico, si può ormai affermare senza tema di smentita che questa arrivò più tardi, alcuni anni dopo la guerra e la scoperta dei campi di sterminio nella coscienza dell'Europa e dello stesso mondo israelita.

Questi e altri fattori bisognava, a nostro avviso, prendere in considerazione prima di bollare come «agghiaccianti» gli ordini attribuiti al Sant'Uffizio, che poi ordini tassativi non erano, come dimostra la soluzione – travagliata quanto si vuole – del caso Finaly, al quale è dedicato un capitolo (il quarto) del presente volume.

Il nostro lavoro vuole essere un modesto contributo alla discussione.

Ringraziamenti

Sentiamo il dovere di ringraziare anzitutto le nostre famiglie per il tempo che abbiamo sottratto loro nella preparazione di questo libro, la cui ricerca di base è stata iniziata durante le vacanze natalizie del 2004.

Sentiamo il dovere di ringraziare quanti, tra colleghi e amici, ci hanno sostenuto e consigliato nella preparazione di tutto il lavoro, soprattutto nelle parti più delicate di esso, quelle riguardanti il riscontro sui documenti. Fare dei nomi comporterebbe il rischio di tralasciarne qualcuno; loro sanno che a loro ci riferiamo, e ciò basta.

Per i riscontri documentari italiani, un sentito ringraziamento va al dott. Andrea Edoardo Visone, Direttore dell'Archivio Storico-Diplomatico del Ministero degli Esteri italiano. Mentre il dott. Ottaviano Fanello si è rivelato preziosissimo per i riscontri sugli archivi sionisti di Gerusalemme. Alla dott. Ornella Di Pumpo va infine il nostro grazie per l'attenta verifica dell'indice dei nomi.

Capitolo I

DALLO SCOOP ALLA STORIA

Introduzione

Il documento è piombato come un macigno sul dibattito storiografico relativo a papa Pacelli. È un testo inedito che il «Corriere della Sera» ha pubblicato il 28 dicembre 2004. Secondo quella prima ricostruzione, il 20 ottobre 1946 il Vaticano avrebbe trasmesso al nunzio apostolico a Parigi Angelo Giuseppe Roncalli delle istruzioni sui casi di bambini ebrei affidati a istituzioni e a famiglie cattoliche durante la *Shoah*, e richiesti non solo da istituzioni ebraiche ma anche dalle famiglie di provenienza. Sempre secondo quella ricostruzione e le interpretazioni datene "a caldo", Pio XII avrebbe rifiutato di consegnare i minori ebrei battezzati alle famiglie che, a guerra finita, li richiedevano; un rifiuto non condiviso dal nunzio Roncalli, che avrebbe in qualche modo disobbedito agli ordini.

La questione ha suscitato un acceso dibattito, distogliendo peraltro l'attenzione dal pregevole primo volume di agende parigine del nunzio Roncalli, curato dal professor Étienne Fouilloux, e appena pubblicato. Si è infatti di nuovo duramente polemizzato sul pontificato di Pio XII e sul suo rapporto con gli ebrei.

Non riassumeremo i termini della questione, che supponiamo noti. Ci limiteremo a dire che, nel corso del dibattito innescato dall'inedito del «Corriere della Sera», sulla stampa italiana ed estera, in modo aperto o addirittura plateale si è tornati a criticare non solo Eugenio Pacelli e i suoi presunti "silenzi", ma anche una certa "storiografia pontificia" che sarebbe composta da studiosi liquidati come "apologeti" di Pio XII. Non si è tenuto presente, a nostro sommesso avviso, un fenomeno non certo nuovo, ma sul quale non si è ancora indagato a fondo: quello degli "ipologeti" di Pio XII, ovvero di coloro che, nel porre sempre questo Papa sul banco degli accusati, hanno messo la sordina a molti documenti, spesso omettendoli o non citandoli integralmente. A questi "ipologeti" si potrebbe imputare quello che definiremmo un "silenzio su Pio XII". Nell'attesa che il tempo dia qualche spiegazione in merito a questa corrente storiografica e alle sue motivazioni profonde, occorre soffermarsi su un altro aspetto del dibattito: quello dell'apertura degli archivi vaticani.

In occasione della presentazione dell'edizione italiana del libro di monsignor Walter Brandmüller, *L'Olocausto nella Slovacchia e la Chiesa cattolica*[1], ma anche dalle colonne del quotidiano «Avvenire», il Prefetto dell'Archivio Segreto Vaticano, padre Sergio Pagano, ha osservato che il lavoro di riordino e di apertura di un archivio storico è lungo e laborioso e che non può essere condizionato da pressioni esterne o addirittura dal gusto dello *scoop*. Da parte nostra aggiungiamo che l'apporto di altre fonti archivistiche consente già oggi di ricostruire la politica estera vaticana in anni anche recenti; pur ammettendo che solo la documentazione ancora "chiusa" può consentire di ripercorrere il processo decisionale interno alla Santa Sede. Va aggiunto che non sempre il ricorrente dibattito sull'apertura degli archivi vaticani si estende agli archivi di altre entità politiche e religiose o di altre istituzioni, che fossero ancora chiusi.

[1] WALTER BRANDMÜLLER, *L'Olocausto nella Slovacchia e la Chiesa Cattolica*, Libreria Editrice Vaticana, Città del Vaticano 2004.

Fatta questa premessa metodologica, occorre tornare al tema di questo libro. La polemica nasce da quelli che sono stati definiti «ordini agghiaccianti» del Sant'Uffizio, trasmessi al nunzio apostolico Roncalli, con norme di condotta per affrontare i casi riguardanti i bambini ebrei francesi che, durante la *Shoah*, erano stati ospitati da istituzioni o da famiglie cattoliche.

Questi bambini, è stato detto, sarebbero stati negati da Pio XII alle famiglie di provenienza. Su ciò si è basata tutta la polemica: i diritti inviolabili dell'uomo minati dagli ordini papali; l'innocenza infantile violata dalla dogmatica dei "battesimi forzati", o quasi. E così via.

Di tutta la vicenda si sono definiti meglio i contorni grazie a lunghe indagini di cui si darà conto nelle pagine seguenti.

«Desidero vedere Pietro»

Nell'estate del 1944 il dirigente della sezione ginevrina del Congresso Ebraico Mondiale (*World Jewish Congress* o WJC) Gerhart Riegner, per iniziativa di Raffaele Cantoni, è coinvolto con l'avvocato Lelio Vittorio Valobra nella creazione in Svizzera di scuole per i bambini ebrei. Lo stesso Valobra, sottolineando le benemerenze di Cantoni, così rievoca gli eventi:

> Molti bambini ebrei italiani – o provenienti dall'Italia – erano stati affidati a famiglie svizzere cattoliche o protestanti. Senza scalfire le benemerenze di queste famiglie e senza sminuire i sentimenti di riconoscenza ad esse dovuti, era nostro intendimento istituire una scuola ebraica italiana per tutti i ragazzi rifugiatisi in Svizzera, affinché trovassero un ambiente ebraico ed anche perché potessero proseguire gli studi[2].

2 In SERGIO MINERBI, *Un ebreo fra D'Annunzio e il sionismo: Raffaele Cantoni*, Bonacci, Roma 1992, pp. 135-136.

Nel 1945 Riegner, molto attivo nel *World Jewish Congress*, sta vivendo insieme alla sua organizzazione un periodo di grande fermento: da più parti si chiede infatti a papa Pio XII di pubblicare un documento ufficiale sull'ebraismo. Persino il filosofo cattolico Jacques Maritain, nuovo ambasciatore francese in Vaticano dopo la seconda guerra mondiale, è persuaso che l'antisemitismo sia stato in qualche modo alimentato dalla dottrina cattolica, e a tal fine ha deciso di chiedere a Pio XII un'enciclica sull'ebraismo.

Il Papa avrebbe fatto avere al filosofo la seguente risposta: «Pensate voi a una dichiarazione ufficiale? Considereremo senza dubbio la cosa con buona volontà, con tutta la nostra simpatia; considereremo la cosa»[3]. Va aggiunto che, ad avviso di Maritain (il quale tornerà ad affrontare la questione nel luglio del 1946), il Papa si è mostrato anche molto sensibile al pericolo cui l'antisemitismo espone la coscienza cristiana[4].

Nell'agosto del 1945, in occasione di un Congresso ebraico tenutosi a Londra, il WJC intraprende presso le Nazioni Unite un'azione decisa per far abrogare il *Libro Bianco* britannico del 1939 (che vietava l'immigrazione ebraica in Palestina) e consentire la nascita d'uno stato ebraico democratico in Palestina. Questa vicenda si lega indissolubilmente a due altre questioni: assicurare l'appoggio dell'ebraismo internazionale al movimento sionistico, «in tutti i modi»; e il «fare anche tutto il possibile per ottenere dalla Chiesa cattolica la restituzione dei bambini ebrei salvati e ospitati nei conventi»[5].

[3] A.L. Kubovy (Kubowitzki), *Pope Pius XII and the Jewish,* in «Yad Vashem Studies», vol. VI (1967), Jerusalem, p. 22.

[4] *Correspondance Journet–Maritain*, tome III: *1940-1949*, Saint Augustin-Parole et Silence-Cerf, Paris 1998, nota 6 a p. 496. Va detto che Maritain riferì al Presidente del congresso ebraico mondiale, Leo Kubowitzki, che monsignor Montini si era trovato molto meno disponibile ad affrontare il tema di un documento ufficiale sull'ebraismo.

[5] Minerbi, *Un ebreo...*, cit., p. 166. Per una più ampia disamina, cfr. *Unity in dispersion: a History of the World Jewish Congress*, Institute of Jewish Affairs of the World Jewish Congress, New York 1948^2, p. 303.

Sono dunque chiamate in gioco non solo la teologia e la dottrina cattolica, ma anche la politica e la diplomazia, al di sopra e al di là di considerazioni di tipo morale e umanitario. Questo accade perché anche i politici e i diplomatici dei paesi che erano stati nemici di Hitler si sono trovati ben presto a fare i conti con la tragedia ebraica, e a dover a rivedere giudizi e comportamenti in merito alle istanze e alle legittime aspirazioni ebraiche, che dopo i lager e le tremende scoperte fatte alla fine della seconda guerra mondiale non possono essere più ignorate o valutate soltanto sulla base della *Realpolitik.*

In tale contesto rientra la questione dei bambini ebrei ospitati da famiglie o da istituzioni cattoliche durante il conflitto.

È Raffaele Cantoni a esporre alla Comunità ebraica milanese, il 26 giugno 1945, il problema dei piccoli accolti nei conventi. Nel frattempo, nei pressi di Roma, la Brigata ebraica è riuscita a salvare circa duecento bambini ebrei, «ottenuti talvolta con la forza e talvolta col permesso dei superiori dei conventi cattolici»[6].

Sarebbe anche questa un'interessante pista di ricerca: studiare cioè i due metodi di negoziato ebraico-cattolico: la forza (un'azione illegale? Una qualche forza maggiore? E quale?) e il libero consenso delle istituzioni cattoliche italiane (che preso in sé aprirebbe un ventaglio d'ipotesi ben diverse dal "gran rifiuto" di Pio XII di consegnare i bambini ebrei ospitati dalla sua Chiesa).

In ogni caso, tutta la vicenda assume contorni ben diversi da come è stata presentata in alcuni articoli apparsi sulla stampa. In assenza di documenti ulteriori, dobbiamo tuttavia procedere con gli elementi in nostro possesso.

[6] Così MINERBI, *Un ebreo...*, cit., p. 167. Queste affermazioni risultano basate sull'opera di un attivista sionista inserito nell'organizzazione per l'immigrazione illegale in Palestina (*alyà beit*). Cfr. Y. DUVDEVANI, *Parashiot mimifal haazalà* [Episodi dell'opera di salvataggio], in «Niv Hakevuzà» 4, pp. 345-348.

Come già detto, Cantoni s'interessa del caso dei bambini ebrei fin dal giugno del 1945. Nell'agosto dello stesso anno, in occasione della già menzionata Conferenza di Londra, egli conosce un alto esponente del *World Jewish Congress*, Leo Kubowitzki, con il quale esamina non solo la possibilità di chiedere a Pio XII un'enciclica sull'ebraismo, ma anche di chiedergli che i conventi cattolici restituiscano i bambini.

Cantoni e Kubowitzki decidono che il primo faccia ogni preparativo in vista dell'udienza papale non appena il secondo gli invierà il seguente telegramma: «Desidero vedere Pietro».

È così che, al segnale convenuto, non appena celebrato il *Kippur*, Kubowitzki giunge a Roma; è il 18 settembre 1945. Due giorni dopo l'assistente di Myron Taylor[7] invia a Kubowitzki un messaggio in cui lo si invita a prender parte all'udienza fissata con Pio XII per le ore 12,15 del 21 settembre.

A questo incontro Cantoni non prende parte, ma dalla ricostruzione di Minerbi sappiamo che cosa il rappresentante del Congresso ebraico mondiale chiede al Papa. Si tratta di due cose: «Una dichiarazione che chiarisse la posizione della Chiesa sugli ebrei e la restituzione dei bambini salvati dalla Chiesa». Pio XII risponde che esaminerà attentamente la prima questione, e chiede un promemoria scritto sulla seconda.

Uscito dall'udienza, insieme a Cantoni (che l'ha atteso nell'anticamera papale) Kubowitzki si reca dal sostituto alla Segreteria di Stato, monsignor Giovanni Battista Montini (il futuro Paolo VI), cui dà un assegno di due milioni di lire

[7] Se l'assistente di Taylor, che Minerbi non nomina, va identificato in Harold Tittmann, è un vero peccato che le memorie di questo diplomatico, curate dal figlio, non dicano nulla di tutto ciò. HAROLD H. TITTMANN JR., *Inside the Vatican of Pius XII. The Memoir of an American Diplomat during Word War Two*, edit. by Harold H. Tittmann III, Image, New York 2004. Nessun documento risulta peraltro pervenuto dal Vaticano a Washington su tale argomento. Cfr. ENNIO DI NOLFO, *Dear Pope*, Roma 2003. Ci risulta tuttavia esistente e sicuramente ben custodito il diario del diplomatico americano.

«come partecipazione alle spese sostenute dal Vaticano per l'assistenza agli ebrei»[8].

Va osservato, per inciso, che il versamento dell'assegno da parte di Kubowitzki ci sembra dimostrare che il Vaticano non solo sapeva della rete cattolica di assistenza che durante la guerra stava operando in favore degli ebrei, ma anche che ne tesseva attivamente le fila. Ciò costituisce, a nostro avviso, un'ulteriore smentita delle asserzioni di Susan Zuccotti, secondo la quale non vi è prova di un diretto coinvolgimento della Santa Sede nell'opera svolta dal clero cattolico per il salvataggio degli ebrei[9].

La questione della restituzione dei bambini ebrei ritorna in primo piano in occasione del primo congresso degli ebrei italiani, convocato a Roma nell'autunno del 1945. In tale occasione viene in Italia il rappresentante della sezione ginevrina del Congresso Ebraico Mondiale, Gerhart Riegner. Ecco il racconto basato sulle memorie di quest'ultimo:

> Ero allora a Roma per il primo congresso dei venticinquemila ebrei dispersi rifugiatisi in Italia[10] – narra Riegner –. Avevo recato a que-

[8] MINERBI, *Un ebreo...*, cit., p. 168. Minerbi aggiunge: «Ma due anni dopo il Convento di San Marco a Firenze non aveva ancora ricevuto nessun contributo». Pare dunque che una parte dell'assegno spettasse proprio a quel convento e che nel 1947 a Firenze si attendesse ancora la somma, come dimostrerebbe una lettera del padre domenicano Cipriano Ricotti conservato nell'archivio dell'Unione delle Comunità Israelitiche Italiane di Roma, consultato da Minerbi (*ivi*, nota 56).

[9] SUSAN ZUCCOTTI, *Inder His Very Windows. The Vatican and the Holocaust in Italy*, Yale U.P., New Haven-London 2000, p. 253. Cfr. ora ALESSIA FALIFIGLI, *Salvati nei conventi. L'aiuto della Chiesa agli ebrei di Roma durante l'occupazione nazista*, Edizioni San Paolo, Cinisello Balsamo 2005. «Prova di tale intervento personale del Pontefice in favore degli ebrei – ha scritto il padre Giovanni Sale – è un passo del *Diario delle consulte* di «Civiltà Cattolica», dove si dice, in un appunto del 1° novembre 1943, cioè all'indomani del rastrellamento del ghetto romano e la deportazione di circa 1000 ebrei della Capitale, che il Papa "si è interessato al bene degli ebrei". Un mese dopo Pio XII si lamentava con il p. Martegani (direttore della «Civiltà Cattolica») che ormai "i rifugi ecclesiastici non danno più troppa sicurezza" agli sventurati ospiti, e che nell'interesse di questi sarebbe bene esercitare la carità evitando il più possibile di insospettire l'autorità tedesca». GIOVANNI SALE S.I., *I fantasmi di Goldhagen*, in «Avvenire», 5 gennaio 2005.

[10] Il congresso accoglie 140 delegati in rappresentanza di 26.000 profughi, oltre a una rappresentanza degli ebrei internati in Italia. Una delegazione dei congressisti è rice-

sto congresso il saluto del Congresso ebraico mondiale. Tutta la direzione del congresso era lituana. Kubowitzki mi aveva chiesto d'incontrare in tale occasione monsignor Montini, e di chiedergli di aiutarci a ritrovare i bambini ebrei salvati dai cattolici. Il Presidente dell'Unione delle comunità ebraiche d'Italia, il nostro amico Raffaele Cantoni, mi ha accompagnato nel compiere questo passo. Questo problema dei bambini ci preoccupava enormemente. Eravamo disperati per l'enorme perdita di bambini ebrei nel corso della *Shoah*. Consideravamo un sacro dovere cercare i bambini che erano stati nascosti. Fu uno dei passi più drammatici e più sfortunati della mia vita.

Che cosa chiede concretamente Riegner a Montini? «Noi, il popolo ebraico, abbiamo perduto un milione e mezzo di bambini. Non possiamo permetterci di perderne uno solo di più. Siamo molto riconoscenti alle istituzioni e ai fedeli cattolici per quello che hanno fatto per salvare i bambini giudei e per aiutarli a sopravvivere. Ma noi riteniamo che, essendo cessato il pericolo, li si debba restituire a noi. Siccome non sappiamo dove si trovano, vi chiediamo di aiutarci a ritrovarli».

Stando al resoconto di Riegner, segue con Montini una penosa discussione protrattasi per venti minuti. Montini ritiene «stravagante» la cifra di perdite infantili subite dagli ebrei. Riegner mette le cifre in chiaro, analizzando la situazione nei singoli paesi ed evidenziando la scarsità di bambini sopravvissuti alla *Shoah*. Montini, dopo aver ascoltato i chiarimenti, osserva: «Non è possibile. Probabilmente sono emigrati». «E dove sarebbero andati e come? – obietta

vuta da Pio XII il 29 novembre 1945. In occasione dell'udienza è il rabbino di Bialistok (Polonia), Eliezer Jeruscinalmi, a ringraziare Pio XII per ciò che egli ha fatto per gli ebrei durante la guerra. L'udienza costituisce per il Vaticano l'occasione per ricordare l'esistenza di un movimento di *Amicizia ebraico-cristiana* e anche per rimarcare che «i rapporti tra cattolici ed ebrei in Roma continuano ad essere cordiali come sempre sono stati». Ciò emerge dal telespresso dell'ambasciata italiana presso la Santa Sede al Ministero degli Affari Esteri, 1° dicembre 1945, n. 3331/1406, in Archivio storico del Ministero degli Affari Esteri (d'ora in poi: ASMAE), Affari Politici 1946-50, *Santa Sede*, busta 1.

Riegner. In tutta Europa l'emigrazione era vietata. Dove potevano andare? In Romania, attraverso le montagne, forse due o trecento, un migliaio al massimo». L'entità degli ammanchi è invece di molto superiore. Montini rimane esterrefatto.

> Credo sia stato solamente in quel momento che per la prima volta egli abbia compreso la portata della nostra catastrofe: che sei milioni di ebrei erano stati massacrati, e che ciò voleva dire la perdita di un milione e mezzo di bambini.

«Segnalatemi dove si trovano e vi aiuterò a recuperali», dice Montini a Riegner. La risposta di questi: «Se lo sapessi, non avrei bisogno di voi»[11].

I conti con la *Shoah*

Il resoconto fatto da Riegner della difficile conversazione con Montini, pur presentando elementi d'indubbio interesse, presta il fianco a diverse critiche: se non altro, perché esso è filtrato dal "senno del poi": ossia da una consapevolezza dell'enormità della *Shoah*, che appartiene indubbiamente a un'epoca posteriore.

Nel 1945, infatti, i numeri della catastrofe non sono ancora un dato certo, e molti dubbi esprimono gli ebrei dello *yishuv* (ossia quelli di Palestina), persino sulle qualità morali e umane delle vittime e dei sopravvissuti[12].

Queste indicazioni provengono dagli archivi sionisti di Gerusalemme su cui ha lavorato Tom Segev. «Il problema degli ebrei dell'Esilio è che preferiscono la vita del cane

[11] Gerhart M. Riegner, *Ne jamais désespérer. Soixante années au service du peuple juif et des droits de l'homme*, Cerf, Paris 1998, pp. 179-180. Più sintetico il resoconto di Minerbi, *Un ebreo...*, cit., p. 168, basato su un intervista di Riegner anteriore all'uscita delle sue memorie.

[12] Tom Segev, *Il Settimo Milione. Come l'Olocausto ha segnato la storia d'Israele*, Mondadori, Milano 2001 (si ha qui presente l'edizione Oscar dell'anno dopo), pp. 105-113.

bastonato alla morte con onore», commenta ad esempio nel 1942 Yitzhak Gruenbaum, condannando gli ebrei europei per non essere insorti contro i nazisti[13].

Non mancano peraltro riflessioni, in seno all'ebraismo, circa i "caratteri marginali" dello sterminio nazista; la stampa ebraica tratta in maniera riduttiva, come incredibili "esagerazioni", le notizie provenienti dai lager, soprattutto quelle riguardanti le cifre delle vittime, che la stampa ebraica continua a ritenere inverosimili[14]. Anche dopo il famoso "Rapporto Riegner" dell'agosto 1942 (di cui in altra sede abbiamo proposto di ridimensionare la portata[15]), e che ha prodotto una prima partecipata reazione, il tema dell'Olocausto scivola di nuovo nelle pagine interne della stampa ebraica.

> Evidentemente le informazioni sull'Olocausto non erano molto richieste[16].

Si consideri poi che i primi libri sull'Olocausto, apparsi nelle librerie di Tel Aviv, «non andavano a ruba»[17]. Senza contare le accuse di "silenzio sull'Olocausto" che ben presto sarebbero gravate sull'Agenzia ebraica, il cui comunicato a commento del famoso "dispaccio Riegner" «non accennava alle camere a gas, di cui essa era già al corrente»[18].

Sicché, tra mille polemiche e incertezze su ciò che in quel momento stava succedendo agli ebrei europei sotto il tallone hitleriano, nello *yishuv* «le manifestazioni di cordoglio persero a poco a poco di intensità: rientrarono nella routine quotidiana e diventarono un dovere civico più che un grido sgorgato dal cuore»[19].

13 *Ivi*, p. 65.
14 *Ivi*, pp. 66-67.
15 Cfr. Matteo Luigi Napolitano - Andrea Tornielli, *Il Papa che salvò gli Ebrei*, Piemme, Casale Monferrato 2004, pp. 132 ss.
16 Segev, *Il settimo Milione...*, cit., p. 70.
17 *Ivi*, p. 71.
18 *Ivi*, p. 72.
19 *Ivi*, p. 73.

Un panorama più largo consente dunque di comprendere come la *Shoah* e la sua incontestabile unicità di tragedia del Novecento non siano acquisiti alla fine della seconda guerra mondiale così come, per fortuna, avverrà in epoca posteriore. Il che ci porta a ritenere, diversamente da Riegner, che monsignor Montini sia sincero e nel giusto, quando afferma di avere ben pochi elementi di giudizio in merito alle richieste avanzate da Riegner e alla delicatissima questione generale dei bambini ebrei salvati dalla *Shoah*, di cui si cominciano appena a delineare i contorni.

Possiamo immaginare che questo tema, di quando esattamente si prese coscienza della *Shoah*, sia suscettibile di polemiche e dibattiti. Ma è un elemento da inserire nel quadro della trattazione, per non falsare il discorso che stiamo svolgendo.

Come ha scritto Ernesto Galli della Loggia intervenendo nel dibattito suscitato dal «Corriere della Sera», l'Olocausto, «se così può dirsi, ha cominciato a esistere solo dagli anni Sessanta in avanti, avendo l'effetto ovvio di modificare a partire da quegli anni anche il nostro criterio per stabilire ciò che è antisemitismo e insieme di rendere assolutamente obbligatoria la sua condanna»[20].

Ugualmente incisive le argomentazioni di Giovanni Belardelli, nel ricordare che i manuali di storia contemporanea degli anni Sessanta omettevano di trattare (nel caso di Raffaello Morghen) o dedicavano pochissime righe alla *Shoah* (nel caso di Francesco Moroni) poiché «una tale opera di sterminio veniva fatta generalmente rientrare nel complesso degli orrori e delle morti, a diecine di milioni del resto, verificatisi durante il conflitto».

Sempre Belardelli ci ricorda che questo "riduzionismo" non era solo riscontrabile nei manuali "di destra", ma anche in un noto manuale di sinistra come quello di Armando Sait-

20 ERNESTO GALLI DELLA LOGGIA, *Non giudichiamo il passato con il metro del presente*, in «Corriere della Sera», 7 gennaio 2005.

ta e l'altro di Rosario Villari che, apparso nel 1969, si limitava a richiamare «il lancio in grande scala della campagna antiebraica [da parte della Germania nazista] (cui si associò Mussolini emanando un decreto razzista, il 14 luglio 1938)».

> Tutto qui: L'introduzione di leggi antisemite da parte del regime era evocata in modo puramente incidentale, per giunta con una imprecisione (il 14 luglio fu in realtà la data di pubblicazione del «Manifesto» degli scienziati razzisti) che denotava l'interesse marginale che all'epoca poteva riservare alla questione anche uno storico di sinistra e di sicure convinzioni antifasciste come appunto Villari[21].

Tener presente il contesto generale, prima di calarsi nell'analisi del caso particolare che ha riempito le pagine dei giornali ci sembra quindi necessario.

Abbiamo già ricordato come l'azione iniziata nell'agosto del 1945 dal *World Jewish Congress* presso le Nazioni Unite onde consentire la nascita d'uno stato ebraico democratico in Palestina, fosse legata a due altre questioni: l'appoggio dell'ebraismo internazionale al movimento sionistico e il «fare anche tutto il possibile per ottenere dalla chiesa cattolica la restituzione dei bambini ebrei salvati ed ospitati nei conventi».

La questione assume una valenza politica e diplomatica di prim'ordine, anche al di là di considerazioni di tipo morale e umanitario. Ciò accade perché anche i politici e i diplomatici nemici di Hitler si trovano ben presto a fare i conti con la tragedia ebraica, e a dover a rivedere giudizi e comportamenti in merito alle istanze e alle aspirazioni ebraiche che, chiusi i lager e dopo le tremende scoperte alla fine della seconda guerra mondiale, non possono più essere ignorate.

> Purtroppo fino al dopoguerra, fino a molti anni dopo la guerra – ha osservato Paolo Mieli – un'esatta percezione di ciò che si era consumato nell'universo nazista non si è avuta. Si rimprovera a Pio XII

21 GIOVANNI BELARDELLI, *L'Italia scoprì l'Olocausto dopo anni di silenzio*, in «Corriere della Sera», 12 gennaio 2005.

di non aver levato un grido di fronte alle deportazioni del Ghetto di Roma, ma altri storici hanno fatto notare che non si videro gli antifascisti che correvano alla stazione per tentare di bloccare il treno dei deportati. Eppure tanti studi, fatti nel dopoguerra, dimostrarono che era possibile fare qualcosa, e che è assolutamente infondata la teoria per cui la Resistenza non poteva fare nulla per gli ebrei. Nei paesi dell'Europa orientale, nella stessa Francia, si fecero delle azioni minime o a volte più importanti. Comunque era possibile fare qualcosa. E né nell'azione, né nella denuncia si è avuta notizia di qualcosa fatto da questi ambienti, nel senso di ciò che oggi viene rimproverato a papa Pacelli[22].

Vi è insomma una presa di coscienza tardiva di ciò che accadde nei lager. Ha scritto Galli Della Loggia:

Come ci ricorda Hilberg ciò è valso anche per l'Olocausto il quale, se così può dirsi, ha cominciato a esistere solo dagli anni Sessanta in avanti, avendo l'effetto ovvio di modificare a partire da quegli anni anche il nostro criterio per stabilire ciò che è antisemitismo e insieme di rendere assolutamente obbligatoria la sua condanna. Proprio per ciò trasporre nel passato tale criterio e scandalizzarsi per la mancata ripulsa settanta o ottanta anni fa da parte di uomini e organizzazioni di ciò che oggi definiamo antisemitismo costituisce una grave, indebita forzatura. Ciò non significa rifiutarsi di dare un giudizio: bensì darlo a ragion veduta, tenuto conto cioè delle circostanze e dei tempi. Non c'è dubbio, per esempio, che alla sensibilità odierna il documento di cui sopra appaia orribile allorché stabilisce la politica di non restituzione immediata al loro ambiente, da parte delle famiglie e della Chiesa cattolica, di bambini di origine ebraica, sia pur battezzati, in loro custodia. Di fronte al nostro sentimento morale odierno (insisto: odierno) appare assurdo in una tale circostanza disquisire di diritto canonico, di forza sacramentale del battesimo o di tradizione della Chiesa: che cosa conta tutto ciò paragonato alla disumanità della persecuzione che è all'origine della questione? [...] Bisogna insomma capire, anche quando si parla di Pio XII e della politica della Chiesa, che l'Olocausto e la sua successiva concettualizzazione, risalente a non

22 Così Paolo Mieli il 6 giugno 2001, in occasione della presentazione alla Libreria Rizzoli di Milano del libro di ANDREA TORNIELLI, *Pio XII il Papa degli ebrei*, Piemme, Casale Monferrato 2001.

prima degli anni Sessanta, hanno posto l'antisemitismo, almeno qui in Occidente, su basi interamente nuove. Ne hanno fatto cioè un dato storico totalmente diverso che in passato, rendendolo, innanzitutto sul piano emotivo, qualcosa di ripugnante e impraticabile in ogni sua sia pur minima, e anche remota e solo supposta, premessa[23].

La "questione infantile" ebraica come problema storiografico

Com'è ormai ampiamente noto al grande pubblico, il 28 dicembre 2004, il «Corriere della Sera» pubblica un articolo del professor Alberto Melloni che illustra un documento contenente ordini definiti «agghiaccianti»: la data a essi attribuita è quella del 20 ottobre 1946, la paternità è ascritta alla Congregazione del Sant'Uffizio, e il destinatario della comunicazione è la nunziatura apostolica di Parigi, al tempo retta da mons. Angelo Giuseppe Roncalli, il futuro Giovanni XXIII.

Che cosa dicono le istruzioni?

> A proposito dei bambini giudei che, durante l'occupazione tedesca, sono stati affidati alle istituzioni e alle famiglie cattoliche e che ora sono reclamati dalle istituzioni giudaiche perché siano loro restituiti – si legge nella traduzione italiana proposta dal quotidiano milanese – la Congregazione del Sant'Uffizio ha preso una decisione che si può riassumere così: 1) Evitare, nella misura del possibile di rispondere per iscritto alle autorità giudaiche, ma farlo oralmente. 2) Ogni volta che sarà necessario rispondere, bisognerà dire che la Chiesa deve fare le sue indagini per studiare ogni caso particolare. 3) I bambini che sono stati battezzati non potranno essere affidati a istituzioni che non ne sappiano assicurare l'educazione cristiana. 4) I bambini che non hanno più i genitori e dei quali la Chiesa s'è fatta carico, non è conveniente che siano abbandonati dalla Chiesa stessa o affidati a persone che non

[23] ERNESTO GALLI DELLA LOGGIA, *Non giudichiamo il passato con il metro del presente*, in «Corriere della Sera», 7 gennaio 2005.

hanno alcun diritto su di loro, a meno che non siano in grado di disporre di sé. Ciò evidentemente per i bambini che non fossero stati battezzati. 5) Se i bambini sono stati affidati (alla Chiesa) dai loro genitori e se i genitori ora li reclamano, potranno essere restituiti, ammesso che i bambini stessi non abbiano ricevuto il battesimo. Si noti – prosegue il documento – che questa decisione della Congregazione del Sant'Uffizio è stata approvata dal Santo Padre[24].

Il documento appena citato è accompagnato da un articolo, in cui si trae spunto dalla pubblicazione delle *Agende* del nunzio Roncalli relative agli anni 1945-1948 per commentare l'importante "scoperta" fatta in non meglio precisati «Archivi della Chiesa di Francia»[25].

La pubblicazione del documento attira l'attenzione del mondo culturale e in Italia e all'estero ci si interroga sul suo contenuto. Colpisce la disposizione vaticana di non rispondere per iscritto alle richieste ebraiche; colpisce quel voler indagare caso per caso, che presuppone un atteggiamento dilatorio da parte ecclesiastica. Ma colpisce soprattutto il quinto punto: la ritrosia della Chiesa cattolica e del suo capo di fronte alla prospettiva di restituire i bambini ebrei battezzati alle loro famiglie di origine.

Su quest'ultimo punto s'incentra presto il dibattito: il "gran rifiuto" di Pio XII di consegnare i bimbi a genitori e parenti, si argomenta, è manifestamente contrario alla nuova realtà di una tragedia come la *Shoah*. La fredda burocrazia ecclesiastica si oppone al buon senso e ai dettami del cuore. Non a caso, sia il «Corriere della Sera» sia nei giorni successivi altri giornali, danno grande risalto alla vicenda con questi titoli: *Pio XII a Roncalli: non restituite i bimbi ebrei* (così il quotidiano milanese); *Nel 1946 il Vaticano chiese di non restituire alle loro famiglie i bambini ebrei battezzati* (così

24 Centre National des Archives de l'Eglise de France (CNAEF), *7 CE* (Conference des Evêques), 131, ora riprodotto in *Appendice I*.

25 ALBERTO MELLONI, *Pio XII a Roncalli: non restituite i bambini ebrei*, in «Corriere della Sera», 28 dicembre 2004.

«Le Monde»)[26]; *Pio XII disse alle chiese di non restituire i bambini dell'Olocausto* (così «Haaretz»)[27]; *Il Papa isolò le famiglie ebree* (così «The Guardian»)[28].

Sarebbe troppo lunga la lista delle polemiche ma anche degli interessanti approfondimenti innescati dalla pubblicazione del documento, e fuorviante soffermarsi sulle rinnovate critiche, sollevate da molti, al processo di beatificazione di Pio XII, un tema del quale non è nostra intenzione occuparci.

Per le reazioni più plateali citeremo, a mo' di esempio, quella di alcuni gruppi ebraici americani. La *Coalition of Jewish Concern*, ad esempio, ha minacciato un'azione legale contro il Vaticano per aver questo addirittura rifiutato di fornire informazioni circa i bambini ebrei nascosti nei conventi durante la *Shoah*. Per bocca del suo legale David Shoen, l'organizzazione ha dato alla Santa Sede una settimana di tempo per aprire i suoi archivi e così consentire l'identificazione dei «bambini mancanti».

E in una conferenza stampa convocata a Washington il 27 gennaio 2005, in occasione sessantesimo anniversario dell'apertura del lager di Auschwitz, il vicepresidente della *Coalition*, il rabbino Shmuel Herzfeld, ha dichiarato:

> Finché i figli di tutti coloro che sono stati uccisi ad Auschwitz non conosceranno la loro vera identità, finché gli uccisi di Auschwitz avranno discendenti che non conoscono i loro veri ascendenti, come possiamo davvero affermare che Auschwitz è stata liberata? Rivogliamo i nostri figli!

Il rabbino Herzfeld ha quindi bussato alle porte della Nunziatura Apostolica, chiedendo d'incontrarne il titolare, monsignor Gabriel Montalvo, per consegnargli una lettera personale.

26 HENRY TINCQ, *En 1946, le Vatican a demandé de ne pas rendre à leurs familles les enfants juifs baptisés,* in «Le Monde», 11 gennaio 2005.

27 AMIRAN BARKAT, *Pius XII told churches not to return Holocaust war babies*, in «Haaretz», 30 dicembre 2004.

28 JOHN HOOPER, *Vatican hit by new row over war role. Pope kept Jewish families apart*, in «The Guardian», 29 dicembre 2004.

Nella missiva indirizzata a Montalvo il rabbino dice di essere «profondamente preoccupato circa il recente documento che indicava una politica papale tesa a fare in modo che i bambini ebrei nascosti nei conventi durante la seconda guerra mondiale non fossero restituiti alle istituzioni ebraiche dopo la guerra»; e si dice profondamente colpito soprattutto dal fatto che il Papa abbia rifiutato di riconsegnare ai loro genitori i bimbi ebrei battezzati durante la seconda guerra mondiale.

Il rabbino Herzfeld non è riuscito a incontrare monsignor Montalvo e a consegnargli la lettera. E un portavoce della nunziatura ha preferito non commentare le richieste del rabbino.

Questi gruppi di ebrei di cui si è parlato vogliono che il Vaticano avvii un'operazione di apertura degli archivi su scala europea, consentendo un totale accesso anche alle carte delle varie diocesi interessate. Ma vogliono pure che si riconosca il torto procurato dalla Chiesa cattolica nella vicenda dei bambini ebrei battezzati e che si rinneghi la linea in proposito seguita dal Sant'Uffizio nel 1946[29].

Il problema delle fonti

Abbiamo voluto citare questi episodi più eclatanti per dare un esempio di come il dibattito innescato dal documento del «Corriere della Sera» sia tracimato in fiotti di polemica incontrollabile. Senza indugiare sopra tale problema, occorre tuttavia capire come il documento è stato presentato, quel 28 dicembre 2004.

Diremo anzitutto che, in quell'occasione, si è voluto rimarcare una profonda differenza di atteggiamento tra Eugenio Pacelli, il Papa regnante, e Angelo Giuseppe Roncalli, il Papa futuro. Si è fatto intendere ai lettori che Ron-

[29] *Jewish groups threaten legal action against Vatican*, in «Haaretz», 28 gennaio 2005.

calli rifiutò di obbedire agli ordini di Pio XII. Il futuro Giovanni XXIII, allora nunzio in Francia, avrebbe dunque respinto il "gran rifiuto" vaticano di consegnare ai loro cari i bimbi ebrei salvati dalla *Shoah* ad opera dei cattolici.

Sarebbe bastato uno sguardo più attento alle agende di Roncalli per constatare che di tutta la questione il futuro Giovanni XXIII non si occupa: né in quelle edite da Étienne Fouilloux[30]; né in quelle ancora inedite[31]. Ma si può negare l'importanza della questione per gli sviluppi del complesso rapporto tra la Chiesa cattolica e l'ebraismo?

> Roncalli, racconta l'Agenda, riceve il rabbino Herzog nel 1946 come un amico e, con una lettera del 19 luglio, lo autorizza «ad utilizzare della sua autorità presso le istituzioni interessate, di modo che ogni volta che gli fosse stato segnalato, questi bambini potessero ritornare al loro ambiente d'origine».

Così ha scritto Alberto Melloni. Ma le agende roncalliane non riportano notizia alcuna di un incontro tra il rabbino capo di Palestina Isaac Herzog e Roncalli, avvenuto nel 1946, e neppure di una lettera che il nunzio avrebbe scritto al rabbino il 19 luglio di quell'anno.

L'unico Herzog che le agende registrano per il periodo 1945-1948 è il figlio del rabbino, Jacob, un diplomatico del neonato Stato d'Israele che Roncalli riceve a Parigi il 18 ottobre 1948[32]. E proprio sul «Corriere della Sera», solo due

30 Angelo Giuseppe Roncalli, *Anni di Francia. Agende del Nunzio 1945-1948*, a cura di Etienne Fouilloux, Fondazione dell'Istituto per le Scienze Religiose, Bologna 2004.

31 Andrea Tornielli, *Roncalli nei suoi diari segreti non parlò mai dei bimbi ebrei*, in «Il Giornale», 23 gennaio 2005, pp. 18-19. Per un'antologia delle agende ancora inedite, cfr. www.vaticanfiles.net/intelligence4.htm e l'*Appendice II* di questo libro.

32 Annota Roncalli sull'agenda di quel giorno: «Nel pomeriggio seguirono due visite: duca Tommaso Gallarati-Scotti, amb[asciatore] a Londra; giovane Rabbino Jacob Herzog, figlio del Gran Rabbino di Gerusalemme. Jacob è direttore della Sezione "Comunità Cristiane" al Minist[ero] d[egli] Esteri a Tel Aviv». Roncalli, *Anni di Francia...*, cit., p. 510. Alla nota 424 il curatore si chiede quale sia lo scopo della visita del giovane Herzog al nunzio a Parigi.

giorni dopo lo *scoop*, non si è mancato di rilevare tale incongruenza[33].

Un'altra incongruenza, come vedremo anche oltre, appare subito evidente in tutta la polemica: l'annunciata lettera di Roncalli a Herzog, datata 19 luglio 1946, e conservata nel Fondo Kaplan del *Centre de Documentation Juive Contemporaine*, a distanza di pochi giorni dalle "rivelazioni" di Melloni, si è inspiegabilmente trasformata, per implicita ammissione dello studioso emiliano, in una lettera del «rabbinato di Francia» a Roncalli, in cui si ringrazia «il nunzio per la disponibilità a intervenire assicurata al gran rabbino Herzog» e chiede «un passo specifico per 30 bimbi»[34].

Non si tratta dunque di una lettera di Roncalli a Herzog ma di una lettera del Rabbinato di Francia a Roncalli. Date tutte queste premesse, rimanevano ancora delle zone d'ombra. Perché si continuava a tacere la fonte da cui il documento era stato tratto?

> Sapere "che cosa" cercare potrebbe essere d'aiuto – osserva l'«Avvenire» il 5 gennaio 2005 – . Al presente infatti troppi elementi non corrispondono. Si tratterebbe di una lettera indirizzata al nunzio Angelo Roncalli? Difficile. Anzi, molto probabilmente da escludere, visto tra l'altro che non si capisce perché un documento ufficiale indirizzato a un nunzio italiano avrebbe dovuto essere scritto in francese e non in italiano o, al limite, in latino. Un testo allora, forse un' "istruzione" di più ampio respiro, redatto per i vescovi francesi? In teoria possibile, ma anche questa ipotesi ha bisogno di dati. E poi, uscito da dove? Non dagli archivi della Chiesa fran-

[33] GIOVANNI MICCOLI, *La Chiesa e i piccoli ebrei: il caso del 1953*, in «Corriere della Sera», 30 dicembre 2004. Di Roncalli e del volume appena pubblicato Miccoli scriveva infatti: «Non vi è traccia peraltro, nelle sue Agende ora pubblicate, di una visita di Herzog a lui (ricevette il figlio nell'ottobre 1948) né sappiamo come egli accolse ed eventualmente commentò le istruzioni del Sant'Uffizio dell'ottobre 1946: che peraltro non a lui sembrano dirette se, come pare, il testo è stato ritrovato in un archivio ecclesiastico francese». Su quest'ultimo punto, si vedano le nostre osservazioni del 29 dicembre 2004, sollecitate il giorno prima da un utente del *newsgroup* «it.cultura.cattolica» nella discussione *Pio XII: un nuovo caso Mortara?*, all'indirizzo internet http://makeashorterlink.com/?I4D252B7A.

[34] ALBERTO MELLONI, *Il caso Pacelli e la Chiesa, aspettando il gran gesto*, in «Corriere della Sera», 9 gennaio 2005.

cese, che [...] ha escluso questa eventualità. Forse da qualche archivio diocesano? Plausibile, se non fosse per un'altra stranezza. Visto che, di solito, chi pratica per davvero la Storia, la prima cosa che fa è di dichiarare le carte per sottrarsi alle critiche. E di riferire, ad esempio, dove si trova il documento che sta citando e con quale numero di protocollo, chi l'ha redatto e chi ne fosse il destinatario. E già con questi dati a disposizione, la Storia impone, per regola, prudenza. Quando poi mancano, come nel caso in oggetto, la stessa prudenza andrebbe quantomeno moltiplicata. Invece, niente di tutto questo. Solo il già riferito accenno agli «Archivi della Chiesa francese», che appunto hanno però smentito. Resterebbero, allora, solo quelle poche note sul diario del nunzio Roncalli. Un po' poco, per accendere la miccia, considerata anche l'incompletezza degli appunti stessi. Siamo allora dinanzi a un errore metodologico? Oppure errore metodico? Nel senso di intenzionale, sulla scia di una "leggenda nera" che, a partire dal dramma *Il Vicario* scritto nel 1963 da Rolf Hochhuth, s'è costantemente autoalimenta a prescindere dai fatti? La sensazione che la seconda ipotesi non sia poi tanto campata in aria è forte. Soprattutto considerando la censura che finisce sempre col circondare la più che ampia, ed esauriente, storiografia esistente su Pio XII e la sua costante, angosciata preoccupazione per la sorte degli ebrei sotto il regime nazista[35].

Che cosa andava cercato, e dove? È stato questo il problema che la comunità scientifica si è posta all'indomani della pubblicazione del documento incriminato, dato che Alberto Melloni non aveva fornito un'indicazione esatta di dove cercare il documento, né aveva prodotto una copia anastatica dell'originale.

Nella notte fra il 29 e il 30 dicembre 2004 la direzione del sito Vatican files.net aveva individuato l'archivio in cui probabilmente il documento attribuito al Sant'Uffizio era conservato, e con apposito comunicato aveva dato indicazioni chiare su dove cercare: presso il *Centre National des Archives de l'Eglise de France* (CNAEF), un'istituzione scientifica privata contenente fondi ancora chiusi alla consulta-

[35] *Dagli Archivi nulla di nuovo*, in «Avvenire», 5 gennaio 2005.

zione, ma aperta a discrezione a un pubblico scelto di studiosi[36].

La ricognizione da noi effettuata per risalire al Centro archivistico francese non ha nulla di rocambolesco. Il motore di ricerca *Google*, con una serie di parole-chiave ricavate traducendo in francese le vaghe indicazioni archivistiche sino allora date, ci aveva condotto al sito internet ufficiale della Santa Sede, e precisamente a una pagina intitolata *Cultures et Foi: Le Centre National des Archives de l'Eglise de France* (o CNAEF).

Le informazioni contenute nella pagina vaticana risalivano al marzo 1998; dal punto di vista generale esse ci dicevano che i fondi conservati presso il CNAEF «facevano parte della proprietà e del patrimonio della Chiesa che è in Francia».

> Essi – proseguiva la nota informativa – sono accessibili, va da sé, all'ufficio che versa le carte e, secondo i casi, ai ricercatori autorizzati. Essendo un deposito privato, il Centro Nazionale come tale non è aperto al pubblico. Esso si vota nondimeno al servizio della Chiesa «nella sua funzione pastorale», per riprendere il titolo della lettera indirizzata ai vescovi dalla Santa Sede il 2 febbraio 1997, e al servizio della ricerca universitaria, secondo la deontologia propria allo storico e a quella propria dell'archivista, l'una e l'altra al servizio della Verità[37].

Scorrendo la ripartizione dei fondi archivistici del CNAEF, come risultante dalla pagina del sito internet vaticano, ci era saltata subito all'occhio una sottoserie intitolata *Comité Catholique de l'Enfance* contenuta nella seconda serie archivistica dedicata all'*Eglise de France* (EF).

[36] «Da parte nostra – si legge nel comunicato del 30 dicembre 2004 – avanziamo una ipotesi: che il documento del Sant'Uffizio, apparso sul "Corriere della Sera" il 28 dicembre 2004, si trovi non in un vero e proprio archivio diocesano, ma presso il Centre National des Archives de l'Église de France (35 rue du Général-Leclerc, 92130 Issy-les-Moulineaux), e precisamente collocato nella Serie II, EF (Église de France), sottoserie: *Comité Catholique de l'Enfance*». Cfr. http://www.vaticanfiles.net/intelligence1.htm. Il comunicato è riprodotto anche nell'*Appendice III* di questo volume.

[37] Le Centre National des Archives de l'Eglise de France, in www.vatican.va/romancuria/pontificalcouncils/cultr/documents/rcpccultr15121999dociii1998noten.html.

Non avendo ancora sotto mano l'originale del documento «del Sant'Uffizio» che tutti cercavano, non avevamo posto attenzione alla prima serie archivistica, la CE, ovvero *Conférences des Evêques* e ciò per tre ragioni: 1) a differenza che nel caso relativo al Comitato per l'infanzia, non vedevamo indicazioni precise delle serie contenute nel fondo; 2) le serie contenute erano aperte (mentre il documento incriminato proveniva chiaramente da un fondo chiuso); 3) di trattava di carte «provenienti dalle stesse strutture di questa conferenza» (il che lasciava pensare che non vi potessero essere le ormai note istruzioni attribuite al Sant'Uffizio).

Le vicende archivistiche del CNAEF erano complesse e alcune informazioni andavano aggiornate. La sottoserie che avevamo indicato come possibile fonte dello *scoop* era molto vecchia, ben anteriore alla riapertura al pubblico dell'archivio, avvenuta il 1° marzo 2004.

Di più: il *Comité Catholique de l'Enfance* era nato nel 1948 ed era perciò improbabile che quel comitato avesse tra i suoi fondi un documento di due anni anteriore. E infatti dalle metodiche ricerche della signora Kristell Leost, valida collaboratrice del CNAEF, non si era potuto rintracciare, fra le venti buste di cui si compone il fondo del *Comité* (contrassegnato dalla serie 7 CO), il documento da noi indicato.

Eravamo di fronte a un ennesimo "mistero vaticano"? Si stava svolgendo sotto i nostri occhi un intrigo storiografico internazionale? Oppure ci eravamo semplicemente sbagliati? Per qualche giorno vedemmo franare le nostre ipotesi di lavoro, la principale delle quali era che il documento attribuito al Sant'Uffizio fosse là dove pensavamo di trovarlo.

A un certo punto, però, ci siamo chiesti "chi" avesse avuto sino allora accesso alle carte del Centro archivistico parigino. Le nostre attenzioni si concentrarono ovviamente su Étienne Fouilloux, l'eminente curatore delle agende di Roncalli appena pubblicate, involontariamente al centro della polemica. Fouilloux si era recato al centro documentario francese il 9 marzo 1999, per studiare i dossier del *Centre*

Pastoral de Mission de l'interieur, ossia carte non molto correlate con la vicenda dei bimbi ebrei battezzati.

Più interessante era il materiale consultato da chi aveva preceduto Fouilloux. Suor Anne Rinckwald, dell'ordine di Nostra Signora di Sion, nel gennaio 1997 aveva avuto accesso ad alcune carte riguardanti l'affare Finaly (il caso del 1953 di due bimbi battezzati, di cui parleremo poco oltre). Per quanto interessante, anche questa notizia non ci fu molto utile, in quanto la collocazione delle carte viste da suor Rinckwald risaliva a quando il CNAEF si trovava ancora in rue de Bac 106, prima di trasferirsi alla sede attuale di rue du Général Leclerc d'Issy-les-Moulineaux.

Il 4 gennaio 2005, su «Il Giornale» eravamo comunque in grado di spiegare meglio lo svolgersi degli eventi sulla base della documentazione in nostro possesso, e a cui dedicheremo un apposito capitolo. Ma eravamo ancora lontani dal risolvere il problema di quale fosse la fonte francese utilizzata da Melloni.

Proprio lo stesso giorno, un articolo della «Croix» ci mise finalmente sulla buona strada. Il servizio, firmato da Nicolas Senèze[38], riportava alcune dichiarazioni del curatore delle agende di Roncalli, Étienne Fouilloux, quelle di una studiosa molto accreditata in campo cattolico ma che voleva restare anonima, e altre dichiarazioni rilasciate dall'ex segretario del Comitato episcopale per le relazioni col giudaismo, il padre oratoriano Jean Dujardin[39], e dalla studiosa Madeleine Comte, autrice di un volume dal significativo titolo *Salvataggi e Battesimi*, con prefazione dello stesso Fouilloux[40].

38 NICOLAS SENÈZE, *Polémique autour des enfants juifs baptisés sous l'Occupation*, in «La Croix», 4 gennaio 2005, p. 20.

39 Di cui cfr. il volume *L'Eglise catholique et le peuple juif. Un autre regard*, Calmann-Lévy, Paris 2003.

40 MADELEINE COMTE, *Sauvetages et baptêmes: les religieuses de Notre-Dame de Sion face à la persécution des Juifs en France, 1940-1944*, L'Harmattan, Paris 2001. La Comte ha anche dedicato un saggio all'Ordine di Nostra Signora di Sion: *De la conversion à la rencontre. Les religieuses des Notre-Dame-de-Sion (1843-1986)*, in «Archives Juives» 35/1 (1° semestre 2002). In tale articolo la studiosa si è posta proprio il problema se i

Hanno attratto subito la nostra attenzione le parole di quest'ultimo e della studiosa anonima (anche se il legame tematico e accademico tra Fouilloux e la Comte poteva indurre a ritenere che l'anonima ricercatrice fosse proprio costei). Il curatore delle agende di Roncalli aveva fatto alcune importanti precisazioni in merito alle «istruzioni agghiaccianti» pubblicate da Melloni: «Deve trattarsi di un documento della nunziatura, trasmesso al Segretariato dell'episcopato e ritrasmesso in seguito ai vescovi».

Altre precisazioni interessavano ancora ai nostri fini: a) il documento era del 23 ottobre, e non del 20, come indicato al momento della pubblicazione sul «Corriere della Sera»; b) esso era stato inviato il 30 aprile 1947 al Presidente della Conferenza episcopale francese, il cardinal Pierre Gerlier, arcivescovo di Lione.

Interessantissime anche le dichiarazioni che la misteriosa studiosa – che poi era la vera scopritrice del documento oggetto di tanta polemica – aveva rilasciato al giornale francese. Chiedendo di restare anonima per non essere coinvolta nella polemica, la studiosa chiariva la natura del documento pubblicato da Melloni: «Si tratta di una nota interna alla nunziatura – disse – suscettibile d'interessare il cardinal Gerlier».

Laddove Fouilloux aveva usato una formula ipotetica («deve trattarsi...»), la misteriosa ricercatrice usava una formula tassativa: «Si tratta di una nota interna alla nunziatura». La stessa aggiungeva di aver trovato il documento al *Centre National des Archives de l'Eglise de France*.

«La Croix» aveva dato insomma molte informazioni rivelatesi capitali per le nostre ricerche. L'esatta datazione del documento (del 23 ottobre e non del 20) e la sua attribu-

battesimi amministrati da queste suore agli ebrei da loro ospitati fossero autentici o se si trattasse di proselitismo. La Comte conclude per la prima ipotesi, sottolineando poi il ruolo delle suore di Notre-Dame de Sion nel processo di rinnovamento giovanneo sfociato nel documento *Nostra aetate*.

zione alla nunziatura parigina consentivano di interrogarsi sull'esatto ruolo giocato da Roncalli, titolare della nunziatura durante la preparazione delle «istruzioni agghiaccianti». Se infatti ancora il 20 ottobre Roncalli si trovava in vacanza, il 22 era di ritorno a Parigi e il 23 ottobre (ossia alla data esatta in cui fu preparato il documento di cui si parla) egli incontrava a colazione i cardinali e gli arcivescovi di Francia[41].

È mai pensabile che Roncalli non avesse parlato con tutti questi prelati del parere dato dal Sant'Uffizio, probabilmente a lui noto fin dal suo soggiorno romano di poche settimane prima, e riassunte nel dispaccio di monsignor Tardini del 28 settembre, che certamente il nunzio aveva trovato sul suo tavolo rientrando dalle ferie? È solo casuale la coincidenza di date della colazione offerta dal nunzio ai prelati di Francia e del documento «agghiacciante»?

A queste nuove domande facevano da contrappeso nuove risposte su altri fronti. Era ormai certo che non ci eravamo sbagliati nel supporre, fin dal 30 dicembre 2004, che il documento della polemica si trovasse esattamente dove pensavamo che fosse: al Centro Nazionale degli Archivi della Chiesa di Francia. Lo attestavano le parole dell'anonima scopritrice, le cui delucidazioni, senza la prudenza di Fouilloux, indicavano nella nunziatura la fonte del documento, e nella Conferenza episcopale francese il reale destinatario. Il che portava a concentrare l'attenzione sul fondo del CNAEF denominato *Conférence des Évêques* (conferenza dei vescovi), avente originariamente la sigla CE, e contenente le carte della Conferenza episcopale francese.

Dopo il trasferimento dei fondi a Issy, la serie era stata denominata 7 CE. Nella prima fase di riordino quel fondo aveva ricompresso per lo più materiale aperto alla consultazione e dunque non particolarmente "sensibile". Ma, modificandosi la consistenza delle carte coi successivi ver-

41 RONCALLI, *Anni di Francia...*, cit., p. 240 (23 ottobre 1946).

samenti da parte della conferenza dei vescovi francesi, non era escluso che il materiale delicato fosse ormai cresciuto in numero e che molte carte dovessero considerarsi "chiuse".

Sapevamo poi per certo che, dalla riapertura dell'archivio di Issy (avvenuta il 1° marzo 2004), nessuno aveva avuto accesso a documenti o dossier riguardanti i bambini ebrei battezzati. Ma sapevamo anche che, poco dopo il trasferimento del Centro alla nuova sede, e molto prima della sua riapertura al pubblico, alcuni studiosi avevano già avuto accesso alle carte. Il che lascia pensare che il documento in questione sia stato trovato in un qualche forma "riservata" o di "privilegiato accesso" (il che spiega l'anonimato chiesto dalla scopritrice), e che per qualche ragione (il carattere "chiuso" del documento; dei criteri di opportunità; una esplicita richiesta della direzione del CNAEF; le possibili ripercussioni nei rapporti fra la scopritrice e gli ambienti ecclesiastici dai quali era stimata) lo stesso documento non sia stato poi utilizzato dall'anonima ricercatrice per i suoi studi di settore apparsi prima del 2004.

Il 5 gennaio il quotidiano «Avvenire» pubblica un'intervista di Daniele Zappalà a Étienne Fouilloux, da cui emergono altri dati interessanti sul documento attribuito da Melloni al Sant'Uffizio. Dispiaciuto per il carattere assunto dalla polemica, che aveva cancellato un «lavoro da benedettino», e dal fatto che «per avere visibilità» qualcuno avesse voluto aggrappare i lettori a un documento come quello pubblicato da Melloni il 28 dicembre 2004, visibilmente disturbato da tutto ciò, Fouilloux osservava:

> L'ho precisato bene, l'ho detto, ma questo non è stato forse sempre compreso. Non è un documento del Sant'Uffizio. Non ho personalmente visto documenti del Sant'Uffizio. Si tratta di un documento con l'intestazione dattiloscritta della Nunziatura apostolica di Francia, un documento in francese che pare – ma è un'impressione mia – riassumere in un qualche modo un documento del Sant'Uffizio.

Sul documento Fouilloux aggiungeva quindi:

Potrebbe provenire dagli uffici della Nunziatura ed è stato inviato forse alla Segreteria dell'Episcopato francese, perché è stato trovato negli Archivi della Chiesa di Francia. All'epoca, il documento pare non aver avuto alcuna forma di pubblicità e in seguito potrebbe essere stato inviato su richiesta di alcuni vescovi dalla Segreteria. Ma l'invio effettivo è soltanto un'ipotesi. Occorrerebbe verificare, prima. Recandosi innanzitutto negli archivi dell'Arcivescovato di Lione, dato che un'indicazione manoscritta in alto del documento porta il nome del cardinale Gerlier, arcivescovo appunto di Lione.

Nella stessa intervista Fouilloux sosteneva che non si potesse stabilire una relazione certa fra il documento incriminato e Roncalli (che tuttavia, come abbiamo visto, si trovava a Parigi e aveva incontrato i cardinali e arcivescovi di Francia proprio quel 23 ottobre 1946, data del documento in questione). Lo studioso francese faceva tuttavia un'osservazione assai chiarificatrice:

Posso dire soltanto che, fra i documenti che ho personalmente consultato, vi è una lettera anteriore, sempre del 1946, inviata a Roncalli da due responsabili ebrei francesi: il presidente del Concistoro e il Gran rabbino. Qui, si cita l'incontro di Roncalli col gran rabbino Herzog d'Israele, che aveva posto al nunzio la questione dei bambini. Più tardi, nel gennaio 1949, il nunzio riceverà l'ambasciatore di Israele in Francia. Nell'Agenda di quell'anno, che sarà presto pubblicata, si trova una piccola nota su quest'ultimo incontro in cui si è discusso degli "ebrei perduti". In base ai documenti, dunque, si può dire che Roncalli è stato all'epoca raggiunto, forse diverse volte, da domande provenienti da ambienti ebraici. Nella prima lettera, le due autorità ebraiche dicono fra l'altro più o meno questo: voi avete detto al gran rabbino Herzog che farete tutto il possibile affinché questi bambini siano restituiti alle proprie famiglie. Ma sulla questione non ho trovato documenti di Roncalli.

Pur parlando ancora di «archivi della Chiesa di Francia» quando ormai era nota, dal giorno precedente, la vera fonte del documento, Fouilloux aggiungeva dettagli interessanti che portavano a rivedere ulteriormente la presentazione fattane da Melloni: giacché non solo le agende di Roncalli non raccontavano di una lettera di Roncalli a Herzog in cui il nunzio avrebbe autorizzato il Gran Rabbino «ad utilizzare la sua autorità» per risolvere la questione dei bimbi ebrei; ma anche che quella lettera non era stata inviata da Roncalli ma «inviata a Roncalli da due responsabili ebrei», secondo le precisazioni di Fouilloux.

E lo stesso Melloni era costretto a tener conto di queste autorevoli correzioni alla rotta da lui intrapresa, con le precisazioni pubblicate il 9 gennaio sul «Corriere della Sera», nelle quali, senza esplicita ammissione di errore, datava esattamente al 23 ottobre 1946 quel documento che egli credeva redatto tre giorni prima; mentre spariva la menzione della lettera di Roncalli a Herzog, che diventava ora una lettera inviata al nunzio dal Rabbinato di Francia.

Nella messa a punto di Fouilloux, rimaneva tuttavia una zona d'ombra. «Si parla di una seconda pagina dello stesso documento. Che cosa può dirci?» gli aveva chiesto Zappalà. Sintomatica la risposta dello studioso francese: «Non mi è pervenuta». Fouilloux aggiungeva poi di aver ricevuto «assieme al documento» un altro testo del novembre 1946, redatto «da un certo abate Blanc», forse addetto alla segreteria della Conferenza episcopale francese, e in cui si addolcivano i toni del primo documento, quello attribuito al Sant'Uffizio. «Ma di questo secondo documento non ho che la prima pagina, forse quella di cui in effetti si è parlato. Ad accomunare i due testi sono le brevi note manoscritte. La mano è la stessa».

Fouilloux dunque ammetteva di non aver trovato lui stesso il documento, ma di averlo ricevuto: da quell'anonima ricercatrice, probabilmente sua allieva, intervistata dalla «Croix». Sempre Fouilloux ammetteva di non aver avuto altre pagine dallo stesso dossier archivistico. Vi era solo la nota esplicativa dell'abate Blanc che edulcorava (ma Fouilloux non spiegava come) le istruzioni del Sant'Uffizio.

Proprio l'accenno di Fouilloux all'abate Blanc, e alle sue funzioni di segreteria presso la Conferenza episcopale francese, ha attirato la nostra attenzione sulla serie archivistica relativa alla Conferenza episcopale francese depositata presso il CNAEF.

Eravamo sicuri che i documenti usciti a suo tempo da quell'archivio erano noti a una comunità più larga di studiosi. Fatti i debiti riscontri, e tenuto conto dei lavori tematici più significativi, siamo riusciti finalmente a risolvere il nodo archivistico della vicenda: il documento pubblicato dal «Corriere della Sera» (e poi in originale anastatico anche da «La Croix» e da «Avvenire») non era che una delle tre parti di un dossier contenente le vere direttive vaticane, di cui la nota preparata dalla nunziatura di Francia non era che una sintesi imperfetta. Di questi documenti parleremo nel capitolo seguente.

Roncalli contro Pacelli?

Su quali basi è stato allora possibile per qualcuno conferire al documento pubblicato sul «Corriere della Sera» il carattere di prova inconfutabile contro Pio XII, e della composta ma decisa "resistenza" del nunzio a Parigi Roncalli nei confronti del Papa?

> Forse bisognerebbe interrogarsi sui tratti di un'ossessione antipacelliana che rischia di confondere i contorni della storia e di criminalizzare questo Papa, mentre sfumano le vere responsabilità del dramma della *Shoah* – ha osservato Andrea Riccardi – . C'è un uso di Pio XII infatti che va al di là della storia. O questi è diventato la figura simbolica di un *ancien régime* da abbattere ritualmente o lo si è reso un capro espiatorio dietro al quale nascondere il grado di insensibilità che ci fu nei confronti degli ebrei anche da parte di istituzioni e governi schierati contro i nazifascisti[42].

42 ANDREA RICCARDI, *Il "Corriere" e Pio XII. Operazione dai tratti oscuri*, in «Avvenire», 5 gennaio 2005.

Si può con ogni ragionevolezza sostenere, pur tenendo conto delle obiettive differenze tra i due, che Roncalli, nel corso di tutta la sua missione diplomatica e pastorale, sia stato il fedele disubbidiente di Pio XII, sempre pronto a non eseguire gli ordini papali quando questi avessero turbato la sua coscienza? Si può parlare di due linee divergenti: quella di Pacelli, pontefice regnante, e quella di Roncalli suo successore? Vi sono elementi certi per delineare una tale divergenza, soprattutto con riguardo al delicato caso dei bambini ebrei battezzati, in occasione del quale, secondo il «Corriere della Sera», «il futuro Giovanni XXIII disattese gli ordini giunti da Roma»?

Se apriamo le agende di Roncalli (sia quelle edite sia quelle inedite), troviamo ben poco di questa disaffezione del nunzio verso il suo Papa. Anzi, come vedremo dal resoconto dei fatti che proporremo più avanti, troviamo prove dell'esatto contrario.

Serenamente Roncalli accoglie, quando ci sono, i paterni rimproveri papali, e nulla nelle sue agende fa pensare a un malcontento più o meno velato del nunzio nei confronti del pontefice[43]. Anzi. Quando Ernesto Buonaiuti, ex compagno di studi di Roncalli e «capofila del modernismo italiano», pubblica (poco prima della morte, avvenuta il 20 aprile 1946), il suo libro *Pio XII*[44], estremamente critico nei confronti dei presunti "silenzi" e "cautelamenti" di questo Papa[45], Roncalli, alla data del 13 marzo 1947, annota nel suo diario:

> Stanotte lessi l'ultimo libro dell'infelice Buonaiuti: Pio XII, volume «ingiusto e cattivo». Che pena assistere a questo naufragio della fede determinato dalla scienza *quae inflat*[46].

[43] Secondo Etienne Fouilloux, per Pio XII Roncalli era «troppo spesso sulle strade di Francia per informare correttamente la Santa Sede sulla situazione politico-religiosa dell'Esagono» (*Ivi*, p. 127). Sarebbero quindi in certo modo ingiusti i rimproveri papali.

[44] Ernesto Buonaiuti, *Pio XII*, Universale, Roma 1946.

[45] Per le parti più critiche del libro di Buonaiuti nei confronti del pontificato pacelliano, *ivi*, pp. 168-172; 179-182; 185-186; 189-203; 214-215; 229-235; 247-254; 266-268; 271-278; 282-283; 293-297; 309-315; 333-342; 344-348; 367-373; e soprattutto le pp. 390-418.

[46] Roncalli, *Anni di Francia*, cit., p. 299.

Roncalli torna su questo "caso storiografico" nella sua corrispondenza privata, con osservazioni che appaiono anche più chiare:

> Ho letto in questi giorni il volume *Pio XII* di E. Buonaiuti. Un volume ingiusto e cattivo. Che da Urbano VIII in qua tutto il governo della Chiesa Cattolica sia andato per falsa strada, anche con questi ultimi Papi della nostra vita sacerdotale, da Leone XIII a Pio XII? Povero Buonaiuti mio compagno di studi a Roma, e così fuorviato da quando la presunzione di sé gli ha obnubilato prima e poi spento completamente il lume della fede! Che fine, poi, poveretto. E dire che mi assistette, proprio lui, nella mia ordinazione sacerdotale[47].

Nega ogni distonia tra Giovanni XXIII e il suo predecessore Pio XII anche l'arcivescovo Loris Francesco Capovilla, segretario di Roncalli dai tempi del patriarcato veneziano. Dal suo archivio personale il più stretto collaboratore di Giovanni XXIII ha reso pubbliche queste parole, dedicate dal "Papa buono" al pontefice cui succedette, e per il quale provava «venerazione»:

> Mirabile attività, dottrinale e pastorale – queste le parole di papa Roncalli, raccolto in preghiera sulla tomba di Pacelli –, che assicura il nome di Pio XII alla posterità. Anche al di fuori di ogni dichiarazione ufficiale, che sarebbe prematura, il triplice titolo di *doctor optimus*, *Ecclesiae sanctae lumen*, *divinae legis amator* ben conviene alla memoria benedetta di lui, Pontefice della nostra età fortunosa[48].

47 *Ivi*, nota 119 alle pp. 299-300. Fouilloux trae questa citazione da una lettera dell'11 marzo 1947 di Roncalli al vescovo di Bergamo Bernareggi, contenuta nel volume *Questa Chiesa che tanto amo: lettere ai vescovi di Bergamo*, a cura di Antonio Pesenti, San Paolo, Cinisello Balsamo 2002, nota 8 alle pp. 299-300. Si manifesta tuttavia un'incongruenza di date: mentre dall'agenda personale di Roncalli risulta che questi lesse il volume di Buonaiuti nella notte fra il 12 e il 13 marzo, dalla lettera a Bernareggi, datata 11 marzo, risulterebbe invece che Roncalli lesse il volume nei giorni precedenti e che già l'11 marzo la lettura poteva considerarsi ormai conclusa. Su Buonaiuti cfr. anche GIOVANNI XXIII, *Il Giornale dell'Anima e altri scritti di pietà*, a cura di Loris F. Capovilla, XIV ed., San Paolo, Cinisello Balsamo, nota 5 a p. 525. Sui rapporti tra Roncalli e Buonaiuti, cfr. GIANCARLO ZIZOLA, *L'utopia di Papa Giovanni*, Cittadella Editrice, Assisi 2000³, pp. 380-385.

48 *Pacelli e Roncalli, una sola strada*, in «Avvenire», 5 gennaio 2005.

Ma, soprattutto, nelle agende roncalliane non troviamo notizia alcuna di una presunta contrapposizione tra il nunzio a Parigi e il pontefice regnante nel caso riguardante i bambini ebrei salvati dai cattolici durante la *Shoah*. E troviamo attestata, in vari momenti, la stima e la venerazione nutrita da Roncalli nei confronti di Pio XII.

Da dove emerge allora questa presunta "disubbidienza" di Roncalli verso un Papa che egli venerava? Avrebbe mai potuto il futuro "Papa buono" mancare ai suoi doveri diplomatici, agli esordi di una così difficile missione di nunzio in Francia, e per giunta conscio di star tradendo la fiducia dei superiori?

I fumi dello scoop e la scia della polemica

La pubblicazione del presunto documento del Sant'Uffizio ha scatenato un'aspra polemica e un approfondito dibattito, che ha visto partecipare molte importanti personalità. Si è dibattuto sulla *Shoah* e su quando questo buco nero della coscienza europea è stato conosciuto in tutta la sua terrificante dimensione; si sono analizzati l'atteggiamento della Chiesa e la figura di Pio XII.

Ben presto, però, il tema specifico – il caso dei bambini ebrei salvati dalle istituzioni e dalle famiglie cattoliche e richiesti dalle organizzazioni ebraiche – è stato in qualche modo abbandonato o comunque non ci si è addentrati nei suoi connotati puramente scientifici e storiografici, come cercheremo di fare nelle pagine seguenti.

Non ci soffermiamo sull'articolo infondato e grossolano di Daniel J. Goldhagen, classico esempio di vuoto polemico, al quale la direzione del «Corriere della Sera» ha contrapposto nella stessa pagina una lucida analisi di Lucetta Scaraffia, che lo smontava[49].

49 LUCETTA SCARAFFIA, *Pio XII non è mai stato antisemita*, in «Corriere della Sera», 5 gennaio 2005, in risposta a DANIEL J. GOLDHAGEN, *Papa Pacelli, perché non è un santo*,

Ha efficacemente osservato Giorgio Rumi:

Lo storico non è un giudice né un boia. Ciò che conta in questo mestiere è l'aspetto conoscitivo, non la capacità di emanare sentenze. Sono perciò assolutamente contrario all'atteggiamento di Goldhagen, che vorrebbe mettere in pratica nei confronti di Pacelli una sorta di nuova "Norimberga". Ma se si tratta di imbastire un processo, allora andrebbe fatto come si conviene, ossia applicando le giuste garanzie, e fornire all'accusato (su cui non può gravare un pre-giudizio di colpevolezza) la possibilità di difendersi. Si capisce allora che la "mania processuale" è un atteggiamento che purtroppo vince e ha successo soprattutto nel linguaggio mediatico[50].

Non è il caso di soffermarsi pertanto neppure su quanti hanno pubblicamente rinnovato la richiesta di bloccare il processo di beatificazione di Pio XII, o sono tornati a richiedere l'apertura degli archivi senza peraltro neppure frequentarli o conoscerne l'utilità scientifica. E neppure ci faremo intrappolare dalla retrospettiva psicologica, chiedendoci che cosa ci fosse dietro tutta l'operazione scatenatasi dopo la pubblicazione del documento del Sant'Uffizio. Va infatti riconosciuto che il più diffuso quotidiano italiano ha dato ampio spazio a un variegato e civile dibattito sul caso dei bambini ebrei battezzati, tale da non autorizzare il sospetto che si seguisse una linea determinata: sono infatti intervenuti storici, studiosi, editorialisti di opinioni molto diverse, che hanno potuto esprimere il loro punto di vista con completezza.

Il dibattito – ha scritto padre Giovanni Sale sulla «Civiltà Cattolica», l'autorevole rivista dei gesuiti italiani le cui bozze sono riviste dalla Segreteria di Stato vaticana – apparso oltre che sul «Corriere delle Sera», su «Avvenire» e su «Il Giornale» e su altre testate

pubblicato sul quotidiano milanese lo stesso giorno. Un aggiornamento dell'edizione inglese dell'articolo di Goldhagen reca il significativo titolo *The Church's Kidnapping Policy* (ossia: *La politica dei rapimenti della Chiesa*), in «The New Republic», 31 dicembre 2005.

50 GIORGIO RUMI, *Cari colleghi, più equilibrio non guasta*, nel dossier *Affare Pio XII: la storia non è un tribunale*, in «Vita e Pensiero» a. LXXXVIII, 1 (gennaio-febbraio 2005), p. 85.

giornalistiche, è stato in generale di buon livello, a parte qualche deprecabile caduta di tono, che fortunatamente non ha avuto seguito e non ha abbassato il livello del confronto[51].

Come ha osservato Gian Maria Vian, col passare del tempo e dissolti i fumi della polemica, sono emersi «casi, testimonianze e apprendimenti che vanno restituendo una realtà molto articolata e che comunque certo non consentono di accreditare l'immagine di una Chiesa e di un Papa intenzionati a rubare i bambini ebrei, magari dopo essere stati indifferenti, se non addirittura complici, della *Shoah*»[52].

Di questi nuovi elementi, degli approfondimenti delle nostre ricerche e di questa realtà molto più articolata che emerge da esse, cercheremo di dar conto nelle pagine seguenti.

[51] GIOVANNI SALE S.I., *La vicenda dei bambini ebrei salvati dall'Olocausto*, in «La Civiltà Cattolica», 5 febbraio 2005, a. 156, q. 3711, p. 231. Il «Corriere della Sera» e «Avvenire» hanno dedicato sui loro siti due dossier molto ricchi. Cfr. agli indirizzi: http://www.corriere.it/speciali/2005/Cronache/PioXII/index11.shtml; e www.avvenire.it selezionando la casella «Dossier/Approfondimenti».

[52] VIAN, *L'Olocausto e la guerra dei documenti*, nel dossier *Affare Pio XII: la storia non è un tribunale*, cit., p. 78.

Capitolo II

LA RICOSTRUZIONE DEI FATTI SULLA BASE DEI DOCUMENTI

Una premessa

Prima di tentare una ricostruzione dei fatti sulla base degli elementi disponibili, occorre subito chiarire alcuni aspetti importanti di tutta la vicenda.

In primo luogo, gli orfani ebrei di Francia non erano solo ospitati da famiglie o da istituzioni cattoliche, ma da una gamma variegata di persone che, a diverso titolo, avevano scelto di sfidare le ire dell'invasore nazista.

In secondo luogo, i bambini da rintracciare dopo la guerra avevano vissuto, come vedremo, vicende diverse. Vi erano bambini nascosti dalle stesse organizzazioni ebraiche, le quali avevano poi redatto elenchi riportanti i nomi dei piccoli e altre informazioni utili al loro recupero. Ma vi erano anche bambini che erano stati nascosti per decisione dei loro stessi genitori e parenti, e all'insaputa delle organizzazioni ebraiche, presso istituzioni o famiglie cattoliche. Di costoro non vi erano elenchi, sicché le predette organizzazioni incontrarono mille difficoltà nel rintracciare questi bambini (di cui moltissimi orfani) al termine della guerra.

Va infine considerato che non necessariamente, concluso il conflitto, i bambini ebrei soggiornavano ancora nei luoghi in cui avevano trovato rifugio durante la guerra. Nessuno poteva infatti assicurare che, perdurando il conflitto, i piccoli non fossero scoperti e catturati. Si era reso pertanto necessario, in molti casi, trasferirli altrove.

Proprio in Francia vi erano poi molte complicazioni e gravi rischi per i bambini ebrei. A Château de la Hille, presso Foix, ad esempio, aveva trovato rifugio un centinaio di bambini ebrei, affidati dai genitori o dai parenti (poi morti nei lager) al *Secours Suisse aux Enfants*, che era una sottosezione della Croce Rossa elvetica. Questi bambini, ebrei austriaci e tedeschi, provenivano dal Belgio, essendone fuggiti con le famiglie al momento dell'invasione tedesca di quel paese.

Quando la *gendarmerie* di Vichy, obbedendo agli ordini nazisti, internò una quarantina di questi ragazzi sopra i quindici anni di età in un campo di concentramento a Le Vernet, da dove avrebbero dovuto esser trasferiti ad Auschwitz, la responsabile del *Secours Suisse* Roesli Naef e il suo diretto superiore Maurice Dubois, insieme a Eléonore Dubois, a Eugene Lyrer e a Emma Ott, riuscirono a ottenere la restituzione dei ragazzi, che furono poi nascosti e aiutati a fuggire in Spagna o in Svizzera. In qualche caso i ragazzi furono catturati dalle autorità elvetiche, contrarie all'operazione condotta dalla Naef[1], riconsegnati ai collaborazionisti di Vichy o ai tedeschi. Alcuni di quelli salvati dal lager di Le Vernet si salvarono poi come operai in fattorie dei Pirenei; altri si unirono alla Resistenza e in qualche caso (noto quello del sedicenne Egon Berlin) trovarono la morte in combattimento[2].

Capire la particolarità del dramma dei bambini ebrei fran-

[1] La donna, per il suo modo di procedere, fu convocata dal capo della Legazione elvetica a Vichy, e dimissionata dalle sue funzioni di responsabile del *Secours Suisse* a Château de La Hille. Come emerge da una lettera inviata da Walter H. Reed (uno dei ragazzi salvati dalla Naef, e il cui vero nome era Werner Rindsberg) a Sir Martin Gilbert, il 10 gennaio 2001. Cfr. MARTIN GILBERT, *The Righteous. The unsung heroes of the Holocaust*, Reading, Black Swan 2003, nota 62 a p. 351.

[2] Su tutta la questione, cfr. *ivi*, pp. 350-351.

cesi durante la *Shoah* è dunque necessario per comprendere il senso dell'aiuto che fu dato loro.

> Il giurista e storico francese Serge Klarsfeld, uno dei bambini nascosti durante la guerra, il cui padre fu deportato ad Auschwitz e vi perì, ha sottolineato che la guerra contro gli Ebrei di Francia era più di ogni altra cosa una guerra contro dei bambini. Fra il 1942 e il 1944, 11.402 bambini francesi, parecchi dei quali al di sotto dei diciassette anni (e alcuni piccolissimi) furono deportati, molti di loro senza genitori. Solo trecento di questi bambini sopravvissero. Questi fatti repellenti rendono gli atti di salvataggio che ebbero luogo ancora più notevoli, pur sollevando l'onnipresente questione: che cosa sarebbe accaduto se più persone si fossero assunte il rischio di nascondere ebrei[3]?

Fra quanti si sono accollati questo rischio ci sono istituzioni e famiglie cristiane.

Il convento di Aubazine, nella regione di Corrèze, ha ospitato dodici ragazze ebree tra i sei e i dodici anni, oltre a una donna incinta; per loro la madre superiora utilizza le candele della cappella per consentire loro di celebrare lo *Shabbat*, mentre per la Pasqua ebraica le suore preparano agli ospiti dei piatti particolari.

[3] *Ivi*, p. 360. Cfr. SERGE KLARSFELD - SUSAN COHEN - HOWARD M. EPSTEIN (Eds.), *French Children of the Holocaust: A Memorial*, New York University Press, New York 1996 (ed. orig.: *Mémorial des enfants juifs deportes de France*). La cifra riportata da Gilbert è contenuta nel primo capitolo del libro scritto da Klarsfeld, che dà i seguenti dettagli: «C'erano 11.174 bambini sui 75 maggiori convogli della deportazione spediti dalla Francia verso Auschwitz ed altri campi di sterminio nazisti ad est. A questo numero si devono aggiungere 228 bambini dei Dipartimenti del Nord e del Pas-de-Calais, che furono deportati attraverso il Belgio, per un totale di 11.402 bambini deportati dalla Francia. In aggiunta si sa che 85 bambini morirono di malattie o malnutrizione nei campi francesi, e che 31 bambini, alcuni di loro giovani di 15 anni e uno di soli 14, furono uccisi dai tedeschi: alcuni mentre cercavano di scappare e il resto dalle squadre della morte. Pochissimi degli 11.402 bambini deportati, forse trecento di loro, sopravvissero alla guerra». Tragica la vicenda dei bambini dell'orfanotrofio di Izieu, vicino Lione, dove il 6 aprile 1944 Klaus Barbie compì una «retata», narrata da lui stesso in un dispaccio per Berlino: «Stamani – vi si legge – è stata smantellata la casa dei bambini ebrei, la Colonia dei bambini di Izieu. Quarantuno bambini in tutto, da 3 a 13 anni, sono stati catturati. Oltre a ciò, ha avuto luogo l'arresto di tutto il personale ebraico, ossia dieci individui di cui cinque donne. Non è stato possibile sequestrare denaro o altri valori. Il trasporto verso Drancy avrà luogo il 7 aprile 1944». Cfr. il sito http://www.auschwitz.dk/kulka.htm.

A Parigi, invece, una suora ortodossa russa, madre Maria Elisabetta Skobtsova, in collaborazione col *pope* Dimitry Klepinin, crea un rifugio per ebrei (tra cui molti bambini) nella parrocchia ortodossa della Protezione della Madre di Dio, in rue Lourmel 77, retta da Klepinin. In essa sono redatti, fra l'altro, numerosi certificati di battesimo falsi per gli ebrei ospitati e per quanti da fuori cercano di ottenerne. Madre Maria Elisabetta e padre Klepinin, scoperti dalla *Gestapo*, pagheranno con la vita la loro abnegazione[4].

In seguito alla razzia di ebrei compiuta dai nazisti a Parigi il 16 luglio 1942, quaranta bambini trovano rifugio a Chavagnes-en-Paillers, nella Vandea settentrionale. Pregnante ci sembra la testimonianza, riportata da Martin Gilbert, di Odette Meyers, una bambina che fu ospite di quel villaggio:

> Sebbene mantenessimo i nostri nomi ebraici dell'Europa orientale – racconta la Meyers –, eravamo scambiati per figli di prigionieri di guerra cattolici, inviati in scuole di suore. Imparammo a dire le nostre preghiere e a non prestare attenzione ai molti soldati tedeschi nel seminario oltre la strada. Fummo trattati bene ed avemmo una normale infanzia cattolica come potevano avere dei bambini separati dai loro genitori ebrei. Dopo la guerra fummo ricondotti a Parigi. Non ci passò per la mente che non eravamo stati i soli bambini ad essere stati salvati da famiglie locali[5].

Come ci informa Lucien Lazare, tra i villaggi che più in generale si sono segnalati per l'aiuto offerto agli ebrei va ricordato Le Chambon-sur-Lignon. Per i bambini ebrei si organizzano comunque dei rifugi in tutto il *plateau* di Viva-

[4] Cfr. HELENE ARJAKOVSKY-KLEPININ, *Father Dimitry Klepinin. Martyr of the Dora Concentration Camp*, in «In Communion», spring 2004. Cfr. anche GILBERT, *The Righteous...*, cit., p. 331. L'11 febbraio 2004 il Consiglio Diocesano dell'Esarcato Russo per l'Europa occidentale, su approvazione del Patriarcato ecumenico, ha deciso di onorare i nomi della madre Skobtsova, del padre Klepinin, e di tre altri loro contemporanei, nel *Synaxarion* dei Santi della Chiesa ortodossa. In http://incommunion.org/articles/st-maria-skobtsova/father-dimitry-klepinin

[5] In GILBERT, *The Righteous...*, cit., p. 334.

rais-Lignon, nell'Alta Loira-Ardèche[6]. Sempre da Lazare apprendiamo ancora che «la commissione di Yad Vashem ha ritenuto di dover derogare dalla legge che autorizza il conferimento del titolo di Giusto solo a persone specificatamente designate, e l'ha attribuito in questo unico caso all'insieme della popolazione (la sola altra deroga concerne la comunità olandese di Nieuwlande)»[7].

Queste divagazioni aiutano forse a comprendere meglio la portata dell'aiuto prestato ai fanciulli ebrei che, soprattutto in Francia, hanno trovato ospitalità presso chiunque fosse in grado di offrirne. Con tali considerazioni, ossia tenendo presente il grado di rischio e di abnegazione di cui hanno dato prova molti cristiani (cattolici e no) nel salvataggio degli ebrei perseguitati, e in particolare dei bambini, occorre tornare al tema di cui ci occupiamo.

La lettera del gran rabbino di Terra Santa Herzog a Pio XII (12 marzo 1946)

In seguito alle indagini svolte in merito alle direttive vaticane sulla questione dei bambini ebrei ospitati da istituzioni e da famiglie cattoliche, abbiamo avuto modo di apprendere una serie di elementi che collocano l'intera vicenda dei piccoli battezzati sotto una luce assolutamente nuova, certamente non semplificabile con abusati luoghi comuni sulla politica della Santa Sede nei confronti degli ebrei.

[6] Cfr. LUCIEN LAZARE, *Dictionnaire des Justes de France* (edito sotto gli auspici dello Yad Vashem), Librairie Arthème Fayard, Paris 2003, da cui apprendiamo che «una stele eretta nel *Memorial* dello Yad Vashem in omaggio alla popolazione di Chambon-sur-Lignon e del *plateau* Vivarais-Lignon reca l'iscrizione: "Sono tutti giusti quelli che appartengono al tuo popolo" (*Isaia* 60, 21)».

[7] *Ivi*. Esiste comunque una lista individuale di Giusti di Chambon-sur-Lignon e dei comuni vicini. Cfr. anche PIERRE BOLLE (éd.), *Le Plateau Vivarais-Lignon. Accueil et résistance 1939-1945, Actes du colloque du Chambon-sur-Lignon*, Société d'histoire de la montagne, Le Chambon-sur-Lignon 1992; PHILIPPE BOEGNER, *«Ici on a aimé les Juifs»*, éd. Jean-Claude Lattès, Paris 1982.

Nel precedente capitolo avevamo interrotto la narrazione degli eventi al novembre 1945, data della conversazione tra Riegner e Montini, in occasione della quale il primo solleva la questione della necessità di rintracciare i bambini ebrei salvati dai cattolici durante la *Shoah*.

All'inizio del 1946 il rabbino capo di Palestina Isaac Herzog si reca in Europa per occuparsi del problema dell'emigrazione ebraica in Palestina. È in tale occasione che l'eminente personalità, sollecitata dalle comunità israelitiche da lui visitate, si trova ad affrontare il problema dei giovanissimi "orfani della *Shoah*".

Nella prima decade del marzo 1946 Herzog si reca in Vaticano, dove è ricevuto da Pio XII, al quale espone il seguente problema: varie organizzazioni ebraiche stanno cercando i bambini ebrei orfani, ospitati in istituzioni e in famiglie cattoliche, per potersene occupare e provvedere al loro sostentamento e alla loro educazione. Il Papa chiede a Herzog di fargli pervenire un promemoria scritto, che il Rabbino prepara il 12 marzo 1946 e consegna al minutante della prima sezione della Segreteria di Stato, monsignor Angelo Dell'Acqua. Esso, sotto forma di lettera confidenziale, era così concepito:

> Santità, secondo il desiderio da Lei espresso al termine dell'udienza che ha voluto benignamente concedermi, mi permetto di sottoporLe per iscritto la mia petizione, a nome di tutto il popolo di Israele. Il popolo ebraico ricorderà sempre con profonda gratitudine l'aiuto dato ad un così alto numero di suoi fratelli sofferenti durante la persecuzione nazista, sia dalla Santa Sede in generale sia da decine di vescovi e di sacerdoti cattolici in tutta l'Europa. Fra coloro che sono scampati allo sterminio, trovando rifugio nei conventi cattolici e in case private, vi erano migliaia di bambini ebrei. I genitori di questi bambini non ci sono più, ed è mio compito – come leader spirituale ebreo in Terrasanta – perorare la loro causa dinanzi a Sua Santità. Sono venuto a Roma per chiedere il Suo sostegno affinché tutti questi bambini vengano restituiti alla loro gente. La disposizione richiesta, emanata da Sua Santità, verso coloro che hanno attualmente in carico questi

bambini, si tradurrebbe – non ne dubitiamo – nella loro immediata restituzione. In tutti i paesi interessati sono già disponibili delle apposite organizzazioni ebraiche, che dispongono dei mezzi per prendere in carico i bambini, e io stesso nominerò delle commissioni rabbiniche, che provvederanno al loro trasferimento e alla loro futura educazione e istruzione. Sappiamo che molte centinaia di loro sono stati già restituiti al luogo da cui erano stati strappati. Ve ne sono però molti che non hanno ancora fatto ritorno. Per esempio, solo in Polonia si ritiene che almeno tremila bambini ebrei si trovino ancora nei conventi cattolici e nelle case private di famiglie cattoliche. Non occorre sottolineare quanta importanza abbiano questi bambini per il giudaismo e per il popolo ebraico. Durante il recente olocausto abbiamo perduto circa un milione e duecentomila bambini. Certamente, Sua Santità comprenderà il valore e l'urgenza del nostro storico appello, affinché i piccoli, scampati a un eccidio senza precedenti, non debbano esserci negati. Per le centinaia di milioni di uomini di fede cattolica, si tratta di un numero insignificante. Ma per la gente di Israele così duramente colpita, ognuno di loro vale come mille. Una risposta favorevole da parte di Sua Santità costituirebbe un atto di grande generosità, un gesto di clemenza verso il più martirizzato di tutti i popoli, un'azione destinata a rafforzare la fede nella fratellanza di tutti gli uomini. In un mondo sconvolto dalla paura e dallo sconforto, questo infonderebbe fiducia e speranza. Vorrei anche menzionare a Sua Santità la necessità di intervenire contro i tentativi di far rivivere il veleno dell'antisemitismo in certi paesi. Il trattamento degli ebrei rappresenta infatti il criterio di misura in cui un paese rispetta il principio dei diritti umani. Le parole nobili e vigorose pronunciate dal Suo predecessore sulla questione ebraica risuonano ancora fresche nella mente di tutti, e noi osiamo sperare che Sua Santità userà allo stesso modo la Sua forte influenza per combattere questa criminale semina di odio. Rinnovo i miei ringraziamenti per la cordiale udienza che Sua Santità ha voluto concedermi. Lascio la capitale del Cristianesimo con la speranza che Sua Santità continuerà a tendere una mano al popolo di Israele, sottoposto alla più atroce sofferenza che si sia mai verificata nel corso di duemila anni. Voglia Dio che la storia possa ricordare che, quando tutto era buio per il nostro popolo, Sua Santità accese per noi una luce di speranza! Possa l'Onnipotente benedire Sua Santità e darLe buona salute e vigore per portare avanti i Suoi grandi sforzi nell'interesse dell'umanità sofferente. E come Dio disse ad Abramo: «Io ti benedirò e benedirò tutti quelli che ti benediranno». Così sia, Amen[8]!

La lettera di Herzog ci offre alcune interessanti indicazioni. Viene scritta in nome di tutto il popolo d'Israele, e ciò si può comprendere, data l'autorità di chi la redige. In secondo luogo, non sembra una semplice *captatio benevolentiae* quella «profonda gratitudine» del popolo ebraico di cui Herzog si fa interprete, «per l'aiuto dato a un così alto numero di suoi fratelli sofferenti durante la persecuzione nazista, sia dalla Santa Sede in generale», sia dal suo clero e dai cattolici.

Un tale atteggiamento concorda peraltro con la gratitudine già espressa (unitamente a varie richieste di assistenza) da Herzog a Pio XII e alla Santa Sede durante la seconda guerra mondiale e nel pieno della *Shoah*[9].

Herzog, infatti, aveva scritto nel 1943 all'allora delegato apostolico a Istanbul, monsignor Angelo Giuseppe Roncalli, quanto segue: «So bene che Sua Santità il Papa si oppone dal profondo della sua anima elevata ad ogni persecuzione e soprattutto alla persecuzione d'una ferocità inaudita, senza pari nella storia del genere umano, che i Nazisti applicano senza posa al popolo ebraico». Sempre Herzog aveva ringraziato il futuro Giovanni XXIII per l'attenzione da lui personalmente prestata verso la casa d'Israele e «per l'aiuto così valido reso dalla Chiesa cattolica al popolo ebraico disperato»[10]. E a fine febbraio del 1944,

[8] La versione italiana della lettera è stata riprodotta integralmente da «Il Giornale», il 19 gennaio 2005, nella traduzione di Rosanna Cataldo. Invitiamo il lettore a consultare anche il testo originale inglese, riprodotto dal sito VaticanFiles.net all'indirizzo: http://www.vaticanfiles.net/intelligence3.htm).

[9] Cfr. Herzog a Maglione, 19 luglio 1943, in *Actes et Documents du Saint-Siège relatifs à la seconde guerre mondiale* (ADSS), vol. 9, doc. 270.

[10] Herzog a Roncalli, 22 novembre 1943, *ivi*, doc. 436. Sempre per il tramite di Roncalli, il rabbino Herzog aveva ringraziato nuovamente il Papa nel febbraio 1944 (*ivi*, vol. 10, doc. 80).

Herzog aveva scritto al visitatore apostolico a Zagabria, monsignor Ramiro Marcone:

> Voi seguite così l'esempio splendido di Sua Santità realizzando i principi eterni della religione che formano la base stessa della vera civiltà. Che il Dio d'Israele ve ne ricompensi! Che siate benedetto[11]!

In senso non affatto diverso il Gran Rabbino di Terra Santa si era espresso col nunzio apostolico a Bucarest, Andrea Cassulo:

> Il popolo d'Israele – gli scrisse – non dimenticherà mai ciò che Sua Santità e i suoi illustri delegati, ispirati dai principi eterni della religione che formano la base stessa della vera civiltà, fanno per i nostri sfortunati fratelli e sorelle nell'ora più tragica della nostra storia, la quale costituisce una prova vivente della Divina Provvidenza in questo mondo[12].

Come interpretare quelle parole se non come autentico sentimento di gratitudine provato da Herzog nei confronti di Pio XII per ciò che egli e la sua Chiesa avevano fatto durante la *Shoah*? Come non richiamare quel non antico sentimento ora che, nella lettera del 12 marzo, il Rabbino tornava a scrivere al Papa per una questione certamente legata alla *Shoah*?

Dalla lettera di Herzog emerge poi che il problema che gli sta a cuore è quello dei piccoli orfani ebrei ospitati da istituzioni e famiglie cattoliche. «I genitori di questi bambini non ci sono più», egli scrive, chiedendone la riconsegna «alla loro gente». Questo pone la questione di cui ci si occupa su basi del tutto diverse da quelle su cui si sono alimentate le polemiche, che hanno impedito a molti una lettura più serena degli eventi[13].

[11] *Ivi*, doc. 84.

[12] *Ivi*, vol. 10, annesso II al doc. 211. Gratitudine fu nuovamente espressa da Herzog, ancora per il tramite di Roncalli, al nunzio Cassulo nel giugno 1944. *Ivi*, nota 4 a p. 348 e doc. 336.

[13] Cfr., da ultimo il fondo del direttore nazionale della *Anti-Defamation League*. AVRAHAM H. FOXMAN, *60 Years Later. Baptized Jews Deserve Truth From Vatican*, in «The Palm Beach Post», 23 gennaio 2005. A cui è stato risposto da altro editorialista americano, citando proprio gli esiti delle ricerche di chi scrive: DIMITRI CAVALLI, *"Hidden Children" Memo Not From Vatican*, in «The Palm Beach Post», 27 febbraio 2005.

Herzog sottolineava poi che «apposite organizzazioni ebraiche» non attendevano altro che di occuparsi di questi bambini, una volta che fossero stati restituiti dai cattolici (anche se riconosceva che «molte centinaia di loro» erano state già restituite); e che delle «commissioni rabbiniche» avrebbero poi provveduto alla loro educazione. Nessun ruolo giocavano dunque, in tutta la questione, richieste di parenti prossimi degli orfani o addirittura dei loro genitori; quanto alla natura delle organizzazioni ebraiche destinate ad occuparsi dei bambini, non se ne specificavano natura e finalità.

Herzog rilevava tuttavia l'importanza che questi bambini avevano per il futuro del popolo ebraico e per il giudaismo, osservando che dopo la *Shoah* non ci si poteva permettere di perdere un bambino di più. Ciascuno di quei piccoli valeva per gli ebrei come mille; ma Herzog non spiegava il significato ben più che simbolico attribuito a quel valore. Il Rabbino si mostrava tuttavia conscio del ruolo assunto dal Papa durante la *Shoah*.

Il Rabbino Capo di Palestina chiedeva anche un intervento del Papa contro l'antisemitismo in certi paesi e si richiamava ai forti pronunciamenti di Pio XI contro tali veleni, augurandosi che il suo successore usasse tutta la sua autorità per combatterli, anche in nome di ciò che, sull'esempio di Pio XI, il Papa regnante aveva fatto per il popolo d'Israele, per quella luce di speranza che Pio XII aveva acceso «quando tutto era buio». Il Rabbino era dunque molto preoccupato per i conati di antisemitismo riscontrabili, anche dopo la guerra, in vari paesi "democratici": come la Polonia, la stessa Inghilterra e perfino le Americhe.

Sono considerazioni profonde, queste di Herzog, il quale nella temperie di eventi che spettava a lui governare (e che potremmo definire come un'azione di recupero dei "resti dei resti" d'Israele)[14], pure ricordava con ammirazione l'opera

[14] Tale azione, su un piano più vasto e spesso contro il volere delle autorità religiose ebraiche, andava assumendo connotazioni anticristiane. «Anche in Francia, Olanda e Belgio – scrive nelle sue memorie uno dei dirigenti sionisti protagonista di questi

della Santa Sede in favore degli ebrei durante la seconda guerra mondiale. Sebbene le circostanze fossero assai mutate, e di fronte a nuovi problemi, il Rabbino Capo di Palestina esprimeva dunque a Pio XII una riconoscenza niente affatto di maniera, e che si sarebbe dimostrata intatta nel tempo, come ad esempio alla morte di Pacelli.

Gli esiti della lettera di Herzog e i problemi aperti

Non appena consegnato, il promemoria del rabbino Herzog arriva nelle mani di monsignor Dell'Acqua, incaricato forse da Montini di occuparsi della questione[15]. Un dubbio circolante in Vaticano è forse questo: sta Herzog chiedendo alla Santa Sede una presa di posizione pubblica in merito alla consegna degli orfani ebrei? Desidera egli forse una risposta scritta da poter utilizzare nelle debite circostanze o da poter rendere pubblica?

Non sono del resto nuove, nell'esperienza diplomatica vaticana, richieste rivolte al Papa di assumere questa o quella posizione, di esprimere le sue opinioni in merito a questo o quel caso. Non meraviglierebbe il sapere che anche nella questione degli orfani ebrei, tali richieste si siano ripetute.

eventi – si scoprono casi di "salvatori" cristiani che rifiutano di far tornare i bimbi al seno all'Ebraismo. Le notizie del giorno 22 marzo 1945 dicono che di un milione e più di bimbi ebrei di prima della guerra ne restano in Polonia cinque-sei mila. Il numero di bimbi salvati in Cecoslovacchia è, secondo il rapporto Lindaur dell'8 gennaio 1946, di circa 2.500 bimbi in Cechia (*sic*), e tra essi quasi duemila dalla Russia carpatica, in quanto appariva loro un pericolo tornare in Russia; in Slovacchia erano circa 3.000, in maggioranza candidati all'immigrazione illegale o all'*'aliyah* in Terra d'Israele, grazie all'*'aliyah* dei giovani. I bambini rimasti: Francia: 15.000, di cui un terzo in mano cristiana; Olanda: 3.200, in gran parte in mano cristiana; Belgio: 3.100, di cui una metà in famiglie e conventi (cristiani); Inghilterra: 600; Svezia: 1.100, di cui l'80% orfani; Svizzera: 800; Jugoslavia: 900 orfani; Italia: circa 2.000; Cechia: 1.500. Nei campi d'accoglienza in Germania: 6.000; Austria: 700; Romania: circa 20.000; Polonia: 18.000, tutti bimbi con famiglie. Grecia: 500; Ungheria: 9.000. EFRAIM DEQEL, *Seridey Cherev* [*Scampati alla spada*], Ministero della Difesa di Eretz-Israel, Tel Aviv 1961, vol. I, p. 19.

15 Sugli sviluppi della vicenda cfr. ora l'attenta analisi di SALE S.I., *La vicenda dei bambini ebrei salvati dall'Olocausto*, cit., pp. 220-233.

Certamente il Vaticano pensa di coinvolgere nella vicenda la delegazione apostolica di Palestina, retta in quel momento da monsignor Arthur Hughes, il quale viene incaricato di rispondere ufficialmente al rabbino Herzog che la Santa Sede, come per il passato, intende «tuttora compiere tutto quello che è in suo potere per gli israeliti ingiustamente perseguitati»[16].

Ma il delegato apostolico in Palestina, noto per il suo tatto nell'affrontare questioni delicate, è incaricato anche di sottoporre a Herzog alcune riflessioni che potremmo riassumere come segue: *a)* alla Santa Sede sfugge il senso del rientro degli "orfani della *Shoah*" nella comunità ebraica, invece che nelle famiglie di origine; *b)* la Santa Sede ritiene che il recuperare *sic et simpliciter* gli orfani battezzati all'educazione giudaica non sia di per sé una ragione sufficiente per assecondare le richieste delle istituzioni ebraiche; *c)* occorre accertare scrupolosamente la reale discendenza ebraica degli orfani, risalendo accuratamente alla loro identità e alla loro storia personale; *d)* è pertanto necessario affrontare gli accertamenti caso per caso, partendo dall'identificazione precisa del luogo di residenza dei bambini, per poi addentrarsi nei singoli casi personali.

Minori difficoltà solleva per la Santa Sede la richiesta d'impegnarsi contro l'antisemitismo, dato che lo stesso rabbino Herzog ha più volte "certificato" i meriti vaticani in questo campo.

Nel giro di neanche una settimana il Sant'Uffizio è incaricato dalla Segreteria di Stato, su diretta sollecitazione papale, di occuparsi della vicenda sollevata da Herzog nella sua lettera. La Sacra Congregazione, entro un'altra settimana, è in grado di presentare alla Segreteria di Stato una dettagliatissima relazione sul caso.

Il Sant'Uffizio si occupa della vicenda sollevata da Herzog nell'Adunanza Plenaria del 27 marzo 1946, data in cui la

16 Cfr. SALE S.I., *La vicenda dei bambini ebrei salvati dall'Olocausto*, cit., nota 6 a p. 226.

Congregazione emette un parere, approvato da Pio XII il giorno dopo.

Quali le valutazioni del Sant'Uffizio? Va anzitutto considerato che, nella sua missiva a Pio XII, Herzog non si è riferito esplicitamente a bambini salvati dai cattolici durante la *Shoah* e che poi hanno ricevuto il battesimo; ovviamente nemmeno si può escludere tale possibilità, ma a riguardo non si sono registrati che pochi casi particolari sparsi nel tempo: "precedenti" che in parte risalgono alla prima metà dell'Ottocento.

Il parere, frutto di ampie e dettagliate considerazioni, dice che sul caso dei bambini ebrei ospitati da istituti o da famiglie cattoliche, se possibile, non si debba rispondere in forma scritta, dato il probabile uso distorto di ogni parola della Santa Sede. Si deve inoltre far presente che, di fronte a eventuali insistenze degli ebrei per avere risposte impegnative, la questione è ancora allo studio e che si stanno esaminando i singoli casi attraverso inchieste e statistiche, operazioni che richiedono tempo. Gli orfani battezzati non potranno essere riconsegnati alle istituzioni ebraiche che li richiedono, come pure i non battezzati che non abbiano parenti, su cui le predette istituzioni non possono vantare alcun diritto alla "riconsegna". Nel caso in cui i bambini abbiano dei parenti, la regola più logica da seguire è la conformità al diritto canonico, ovvero a quelle norme che vietano il battesimo ai figli di chi non abbia la fede cristiana senza il consenso di genitori o di parenti, al di fuori di un imminente pericolo di morte[17].

[17] Il can. 750 del Codice di Diritto canonico del 1917 così recita: «§ 1. Infans infidelium, etiam invitis parentibus, licite baptizatur, cum in eo versatur vitae discrimine, ut prudenter praevideatur moriturus antequam usum rationis attingat. § 2. Extra mortis periculum, dummodo catholicae eius educazioni cautum sit, licite baptizatur: 1° Si parentes vel tutores, aut saltem unus eorum, consentiant; 2° Si parentes, idest pater, mater, avis, avia, vel tutores desint, aut ius in eum amiserint, vel tutores desint, aut ius in eum amiserunt, vel illud exercere nullo patto quaeant». *Codex Juris Canonici*, Tipografia Poliglotta Vaticana, Roma 1917, p. 159.

Occorre a questo punto tornare al contesto politico-diplomatico, inserendo nella vicenda il nunzio a Parigi Angelo Giuseppe Roncalli.

All'inizio dell'estate del 1946[18] al nunzio a Parigi il gran rabbino di Francia Isaia Schwartz chiede un interessamento per far sì che i bambini ebrei, affidati a istituzioni o famigli cattoliche durante la guerra, siano consegnati alle istituzioni ebraiche. Si ribadisce dunque la richiesta di Herzog. Roncalli ne informa subito il Segretario della Conferenza episcopale francese, monsignor Henri Chappoulie, che si assume l'incarico di consultare i vescovi francesi[19].

Pochi giorni dopo monsignor Émile Guerry, coadiutore dell'arcivescovo di Cambrai, risponde a una lettera che Ron-

[18] Durante l'estate del 1946 vengono fatti altri passi per facilitare i rapporti tra ebrei e cattolici. È il caso della lettera dell'ambasciatore di Francia in Vaticano Jacques Maritain al sostituto alla Segreteria di Stato Giovanni Battista Montini, del 12 luglio 1946. Colpito dal carattere particolarmente grave dell'antisemitismo e della *Shoah*, che aveva prodotto sei milioni di vittime; rendendo omaggio alla «infaticabile carità con cui il Santo Padre si è sforzato con tutti i mezzi di salvare e proteggere i perseguitati», insieme a tanti preti, religiosi e laici cattolici votati a questa causa, «i quali hanno tutto disdegnato per nascondere e dar riparo alle vittime di leggi inique»; comprendendo che era stato per «delle ragioni di saggezza e bontà superiori, a al fine di non rischiare di esasperare ulteriormente la persecuzione, di non frapporre ostacoli insormontabili all'azione di salvataggio che egli perseguiva, che il Santo Padre si era astenuto dal parlare direttamente degli ebrei e di richiamare direttamente e solennemente l'attenzione di tutti sul dramma d'iniquità che si svolgeva a tal riguardo»; pur comprendendo tutte queste circostanze, Maritain chiede, sconfitto il nazismo ma sopravvivendo una psicosi antisemita in America come in Europa, una «dichiarazione sovrana del pensiero della Chiesa» in merito all'antisemitismo e alla *Shoah*, che sia anche opera di giustizia e di riparazione. «Mi sembra – concludeva Maritain – che se il Santo Padre si degnasse di portare le luci del Suo spirito e la forza della Sua parola direttamente sulla tragedia di cui ho parlato, di portare la sua compassione per il popolo d'Israele, di rinnovare le condanne comminate dalla Chiesa contro l'antisemitismo, e di ricordare al mondo la dottrina di san Paolo e gli insegnamenti della fede sul mistero d'Israele, un tale atto avrebbe un'importanza straordinaria per preservare le anime e la coscienza cristiane da un pericolo spirituale che sempre le minaccia, e per toccare i cuori di molti israeliti». *Cahiers Jacques Maritain*, n. 23 (1991), pp. 31-33. Cfr. anche la *Correspondance Journet-Maritain*, cit., tome III, pp. 917-920 (allegato). Cfr. Bruno Charmet, *Jacques Maritain et Pie XII. Quelques précisions d'ordre documentaire*, in «Sens» 2 (2000), pp. 101-106; e Yves Chevalier, *Le combat de Jacques Maritain contre l'antisémitisme*, in «Sens» 8 (2004), p. 419-440.

[19] Tale incarico potrebbe esser stato conferito il 16 luglio 1946, quando Roncalli ebbe a colazione Chappoulie (Roncalli, *Anni di Francia...*, cit., p. 207), o il 25 luglio, in analoga occasione (*ivi*, p. 210).

calli gli ha inviato in merito alla questione sollevata da Schwartz.

> Come voi – scrive Guerry a Roncalli – anch'io penso che bisogna accettare la regola generale di restituire i bambini di origine ebraica alle Comunità ebree. Il bene comune della Chiesa mi sembra debba prevalere su tutte le altre considerazioni.

Il pericolo paventato dal prelato è quello di una campagna di stampa anticattolica, che farebbe anche perdere alla Santa Sede «tutto il beneficio morale dei suoi nobili interventi in favore degli ebrei perseguitati».

Al coadiutore di Cambrai sembra anche opportuno che si domandi alle istituzioni ebraiche richiedenti di indicare i nomi dei bambini ebrei identificati che ancora si trovano presso comunità cattoliche e di indicare l'indirizzo di queste ultime. Si potrebbero quindi condurre inchieste sul posto da parte dei vescovi locali, dato che non dovrebbe trattarsi di molti casi.

Guerry suggerisce un contegno più riservato verso gli ebrei in quei casi che suppone assai rari: quelli di bambini senza parenti, che abbiano espresso da se stessi il desiderio di ricevere il battesimo, ben sapendo ciò che stavano chiedendo[20]. In tal caso, osserva Guerry, si potrebbe rispondere ai capi della comunità ebraica: «Contiamo sulla vostra lealtà per lasciare questi bambini alla religione che hanno liberamente abbracciato».

Per i casi di bimbi ebrei battezzati, Guerry suggerisce anche di verificare quali battesimi siano imputabili a violazioni delle direttive della gerarchia, che hanno prescritto di non battezzare gli ospiti di famiglie e di comunità cattoliche.

Nel caso in cui si siano verificati degli abusi, si desume da un'altra lettera a Roncalli del 13 agosto 1946, Guerry suggerisce di chiedere al Santo Padre che, se riconsegnati alla

[20] Va ricordato che stiamo parlando di soggetti compresi entro un limite di età di ventun anni.

comunità ebraica, i bambini battezzati abusivamente siano dispensati dalle leggi ecclesiastiche. Del resto è già successo un caso analogo, ricorda Guerry: Pio XI aveva concesso la dispensa a una studentessa israelita battezzata, la cui famiglia s'era opposta alla conversione per farla ritornare in seno alla religione di Abramo[21].

Non passano che pochi giorni e Roncalli riceve una terza lettera datata 17 agosto 1946, proveniente stavolta dall'arcivescovo di Lione Pierre-Marie Gerlier. Questi ha ricevuto insistenti missive da molte personalità ebraiche, come i rabbini capi di Francia, Isaia Schwartz, e di Gerusalemme, Isaac Herzog.

Si tratta di una situazione estremamente delicata: lo zelo male illuminato di alcune religiose, che contrariamente agli ordini dei vescovi francesi avevano battezzato i loro piccoli ospiti ebrei, ha creato un enorme problema teologico. Tutto considerato, per Gerlier sarebbe estremamente difficile respingere le richieste della comunità ebraica di riconsegna di quei bambini; la riconoscenza ebraica verso la chiesa cattolica per ciò che essa ha fatto durante la *Shoah*, si trasformerebbe assai verosimilmente in un forte risentimento, alimentando deplorevoli polemiche.

Per Gerlier è comunque ben chiaro che, addentrandosi nello studio dei casi individuali, si potrebbe far comprendere alla controparte israelita la difficoltà delle richieste restituzioni, essendo auspicabile che i bambini battezzati continuino a ricevere un'educazione cristiana. Ma rispondere negativamente sull'insieme dei casi avrebbe delle conseguenze indubbiamente gravi.

Di tutto ciò Gerlier ha già parlato con lo stesso Pio XII, sollevando la questione nel corso di un'udienza concessagli nel marzo del 1946. Il Papa aveva risposto in quell'occasione che il tema era assai spinoso e che bisognava farlo studiare da dei teologi, il cui parere sarebbe reso noto successivamente.

21 Cfr. SALE S.I., *La vicenda dei bambini ebrei salvati dall'Olocausto*, cit., p. 224.

Evidentemente il Papa aveva già allo studio tutta la questione, sollevatagli proprio in marzo dal rabbino Herzog.

Per avere consiglio sui problemi sollevati nelle missive dei vescovi francesi, a fine agosto del 1946 il futuro Giovanni XXIII invia alla Segreteria di Stato un importante dispaccio. Nel documento Roncalli narra del suo incontro con Schwartz, che gli ha chiesto l'interessamento della Santa Sede per risolvere la questione dei «bambini giudei» affidati a istituzioni o a famiglie cattoliche in Francia[22]. Tali bambini sono ora richiesti da «istituzioni ebraiche». Il rabbino Schwartz desidera appunto che tali istanze siano accolte dalla Santa Sede.

Roncalli rileva una complicazione: in qualche istituto cattolico, contrariamente alle indicazioni dei vescovi francesi, alcuni bambini sono stati battezzati. Per Roncalli si pone quindi il problema se anche costoro debbano essere trasferiti alle istituzioni giudaiche. Il nunzio ha a tal proposito pregato monsignor Chappoulie, Segretario Generale della Conferenza episcopale francese, di studiare la questione e di consultare qualche membro della gerarchia. Ne è risultato che il cardinale Emmanuel Célestin Suhard, arcivescovo di Parigi, monsignor Chappoulie e altri ritengono più opportuno consegnare i bambini alle istituzioni richiedenti, per evitare «una reazione violenta» da parte ebraica, che certamente valicherebbe i confini francesi, scatenando contro la Chiesa le ire della stampa anticattolica, in particolare di quella comunista.

Sempre il nunzio ricorda di aver ricevuto le due lettere di cui abbiamo parlato (e che allega al suo dispaccio): quella di monsignor Guerry, coadiutore dell'arcivescovo di Cambrai

22 Va ricordato che, già nel luglio 1945, in concorrenza col Rabbinato di Francia, si muove presso il nunzio a Parigi anche il Consiglio Superiore per l'infanzia ebraica, organizzazione che nelle intenzioni avrebbe dovuto coordinare tutte le altre (ma il cui statuto definitivo, a causa di divisioni interne e di contrasti col Rabbinato, nel 1946 non era ancora pronto). Il Consiglio Superiore chiede a Roncalli di tentare di recuperare 450 bambini ebrei ospitati dalle suore di Nostra Signora di Sion. Una richiesta che Roncalli lascia senza risposta. KATY HAZAN, *Récupérer les enfants cachés: un impératif des œuvres juives dans l'après-guerre*, in «Archives Juives» 37/2 (2° semestre 2004), p. 23.

(del 10 agosto 1946), e l'altra dell'arcivescovo di Lione Pierre Gerlier (del 17 agosto 1946), riassumendo poi le informazioni che esse contengono. Di fronte a tali elementi, e senza entrare nel merito della questione sollevata (anche se pare condividere l'opinione di Guerry e di Gerlier), il nunzio Roncalli chiede al Vaticano precise istruzioni.

Il 5 settembre 1946 il dispaccio di Roncalli è inoltrato dal Segretario per la Congregazione degli Affari Ecclesiastici Straordinari, monsignor Domenico Tardini, al Sant'Uffizio; dodici giorni dopo, da quella Congregazione, il cardinale Francesco Marchetti Selvaggiani è in grado di trasmettere a Tardini un appunto con le norme di condotta sulla vicenda.

Marchetti informa che il caso in esame è già stato trattato dal Sant'Uffizio il precedente 27 marzo, su sollecitazione papale in seguito alla lettera di Herzog.

Monsignor Tardini riceve le comunicazioni di Marchetti Selvaggiani mentre il nunzio Roncalli si trova già in Italia per le sue vacanze: partito infatti da Parigi il 6 settembre alla volta di Sotto il Monte, dal paese natio egli raggiunge Roma il 23 successivo.

Martedì 24 settembre 1946, alle ore 10,30, Roncalli ha i suoi primi contatti in Vaticano:

> Tardini lungamente – racconta nella sua agenda del giorno – Barbetta, Grano, Montini lungamente; incontri Ryan, Sigismondi, Riberi, Opere di relig. De Ströbel, Lupi, Silli[23].

Nelle sue agende Roncalli non dice se nella lunga conversazione con Tardini (o con Montini, che ne è al corrente), si parla della vicenda dei bambini ebrei e del documento del Sant'Uffizio che Tardini ha sul suo tavolo da una settimana.

Il nunzio rivede Tardini la mattina del 26 settembre, per «un'ora di buona conversazione»; incontra lo stesso giorno anche i monsignori Giulio Barbetta e Carlo Grano, della Segreteria di Stato. Nessun cenno alla questione dei bimbi ebrei che si sta esaminando in Vaticano; ma certamente Tar-

[23] RONCALLI, *Anni di Francia*..., cit., p. 230.

dini prepara Roncalli all'importante appuntamento fissatogli per il giorno dopo[24].

Il 27 settembre 1946 Roncalli è infatti ricevuto da Pio XII a Castel Gandolfo, per tre quarti d'ora:

> *Dies benedictionis* – egli annota – Il Santo Padre in forma ultra amabile mi fece tre appunti: 1) mando troppo pochi rapporti[25]; 2) alcuno gli ha riferito che sono un poco *bavard* [chiacchierone]; 3) «La Croix» riferisce che sono troppo spesso fuori di Parigi per feste ecc. Accolsi tutto con serenità e con umiltà, grato a Dio che mi mortifichi così, e che mi mortifichi così poco: diedi qualche rispettosa spiegazione, ma senza insistere nella mia difesa. Ho l'impressione che il S. Padre sia rimasto bene impressionato. Al termine e dopo aver parlato di altro si mostrò anche più affettuoso nelle parole, nel tratto, nell'abbraccio[26].

Nemmeno in queste pagine troviamo un cenno alla questione dei bambini ebrei francesi. Senza dubbio, però, traspare un'affettuosa devozione del nunzio verso il suo Papa.

Il 30 settembre Roncalli si reca al Sant'Uffizio per visitare l'assessore, monsignor Alfredo Ottaviani. Dalle agende non risulta che proprio in questa circostanza i due abbiano parlato del documento sui bambini ebrei. Eppure, come vedremo, già da due giorni Tardini ha inviato a Parigi un dispaccio con istruzioni riservate per il nunzio.

Una notazione di quest'ultimo, vergata il 1° ottobre 1946, per quanto vaga, può essere tuttavia indicativa: «Raccoglimento circa gli affari in corso presso il S. Officio»[27]. Ciò lascia perlomeno supporre che tra quegli «affari in corso» si sia trattato anche dei bambini ebrei. Sempre nelle agende, per il giorno dopo, leggiamo un'altra annotazione: «Gran

24 *Ivi*, pp. 231–232.

25 Nell'agenda ancora inedita del 1949, Roncalli annota, alla data del 20 ottobre: «Sono sempre un po' combattuto fra il dovere di dare informazioni e di scrivere: e dall'altra parte la ritrosia per le informazioni superflue o di argomento poco importante per gli interessi della Santa Sede. Per altro quando occorre informo sempre su ciò che è più grave».

26 RONCALLI, *Anni di Francia...*, cit., p. 232.

27 *Ivi*, p. 233.

lavoro in camera in preparazione al nuovo colloquio con mgr. Ottaviani al S. Offizio – affari Loublande, Poitiers e Rouen»[28]. Non sappiamo se, unitamente a questi affari, Roncalli sia stato interessato anche al caso dei bimbi ebrei.

Il 4 ottobre 1946 Roncalli si congeda dai suoi diretti superiori in Vaticano. «Pur senza aver tutto conchiuso a Roma», si reca alla volta di Sotto il Monte, da dove raggiungerà Parigi il 22 ottobre successivo. Ancora una volta nulla traspare nei suoi appunti in merito alla vicenda della quale ci stiamo occupando.

Ma proprio il 23 ottobre, data del documento reso noto dal «Corriere della Sera», Roncalli pranza con i cardinali Achille Liénart (di Lille), Emmanuel Célestin Suhard (di Parigi), Pierre-Marie Gerlier (di Lione), Jules-Géraud Saliège (di Tolosa), Pierre Petit de Julleville (di Rouen) e Clement Émile Roques (di Rennes), e con degli arcivescovi. «Grande cordialità con tutti». Nessun accenno particolare. Il 24 ottobre 1946 il nunzio annota nell'agenda: «Due colloqui importanti coi Card. Petit de Julleville e Saliège». Non si danno tuttavia ulteriori indicazioni[29].

Possibile che Roncalli non abbia trattato almeno coi sei cardinali di Francia della questione dei fanciulli ebrei? È pensabile che Roncalli non si sia servito, in quei colloqui conviviali, delle direttive della Santa Sede, trovate sul suo tavolo al ritorno dalle ferie?

Le istruzioni vaticane (di cui non sappiamo se Roncalli abbia avuto previa conoscenza a Roma) sono inviate al nunzio da Tardini il 28 settembre 1946, col dispaccio n. 6972/46, di cui riportiamo il testo integrale:

> Dal Vaticano, 28 settembre 1946. n. 6972/46
>
> Eccellenza Reverendissima,
> Pervenne regolarmente alla Segreteria di Stato il pregiato Rapporto dell'Eccellenza Vostra Reverendissima n. 4094/529 con i relativi allegati, circa i bambini ebrei.

[28] *Ivi*, p. 234.
[29] *Ivi*, p. 240.

Per augusto ordine del Santo Padre già la Suprema S. Congregazione del S. Offizio nell'Adunanza Plenaria di feria IV, 27 marzo u.s., aveva sottoposto agli E.mi Padri la questione generale concernente le richieste tendenti ad ottenere la cooperazione della Chiesa affinché i bambini giudei, affidati durante l'occupazione tedesca ad istituti e famiglie cattoliche, vengano ora consegnati ad istituzioni ebraiche. Avendo ora quest'Ufficio sottoposto alla detta Suprema S. Congregazione il Rapporto n. 4094/529, essa ha fatto conoscere le decisioni dell'Adunanza Plenaria sopra ricordata, che vengono qui trascritte a parola, per opportuna istruzione e norma dell'Eccellenza Vostra:

Nella suddetta Adunanza gli E.mi Padri decisero che alla richiesta del Gran Rabbino di Gerusalemme non si dovesse rispondere, se ciò fosse possibile; in ogni caso, se qualche cosa fosse necessario dire in proposito, ciò doveva essere fatto oralmente, dato il pericolo di abuso e di detorsione [*sic*] che potrebbe essere fatto di un qualsiasi scritto in merito, proveniente dalla Santa Sede. Eventualmente dovrebbe dirsi che la Chiesa deve fare le sue inchieste e constatazioni per discernere caso per caso, essendo evidente che i bambini che fossero eventualmente battezzati non potranno essere affidati ad istituzioni che non possono garantire l'educazione cristiana di essi. Del resto, anche quei bambini che non fossero battezzati e che non avessero più parenti, essendo stati affidati alla Chiesa, che li ha presi in consegna, non possono ora, finché non sono in grado di disporre di se stessi, essere dalla Chiesa abbandonati o consegnati a chi non ne avesse diritto. Altra cosa sarebbe se i bambini fossero richiesti dai parenti.

La decisione degli E.mi Padri e i criteri, ora esposti, furono riferiti al Santo Padre nell'Udienza del 28 marzo u.s. e Sua Santità si degnò accordare la Sua augusta approvazione.

Profitto della circostanza per riaffermarmi coi sensi di distinto ossequio.

Di Vostra Eccellenza Reverendissima Dev.mo [D. Tardini][30]

Si ha dunque piena conferma del fatto che i casi di cui il Vaticano è investito dalle autorità religiose ebraiche (come

[30] Il documento, da noi anticipato su «Il Giornale» dell' 11 gennaio 2005, è stato anche pubblicato da SALE S.I., *La vicenda dei bambini ebrei battezzati*, cit., nota 4 alle pp. 225-226.

si legge anche nella lettera del rabbino Herzog) riguardano prevalentemente bambini ebrei rimasti orfani, richiesti da organizzazioni ebraiche, sulla base di diritti e per la realizzazione di scopi che alla Santa Sede non appaiono del tutto chiari.

Appurato ciò, occorre spiegare il senso delle vere istruzioni vaticane e se esse combacino con il documento pubblicato il 28 dicembre 2004.

Si percepiscono i motivi per cui è consigliabile non rispondere in forma scritta al Rabbino Herzog: vi è il timore di strumentalizzazioni e di distorsione del pensiero della Santa Sede, pericolo già ravvisato dalla Chiesa di Francia.

È poi logico che la Santa Sede intenda svolgere le sue indagini caso per caso, non potendo i «bambini eventualmente battezzati» essere affidati a istituzioni non in grado di garantire la loro educazione cristiana. Qui si pone un primo punto delicato, perché la casistica riguarda sia i bimbi battezzati per volere di genitori o di parenti ora scomparsi, sia i bimbi battezzati contro le direttive ecclesiastiche e contro le norme canoniche. Dovendo fissare un criterio generale è chiaro che, in assenza di richieste avanzate da genitori o da parenti, nessuna istituzione può vantare diritti alla "riconsegna" dei bimbi rientranti nell'uno o nell'altro caso.

Ha efficacemente osservato Giovanni Sale sulle pagine della «Civiltà Cattolica»:

> Dalla documentazione di parte ecclesiastica risulta evidente che l'indirizzo generale che la Santa Sede intendeva suggerire in tale maniera era che i bambini ebrei fossero restituiti soltanto alle «persone» (e non alle istituzioni o organizzazioni a questo preposte) che avessero su di essi un diritto maturale alla loro crescita, mantenimento, educazione, cioè ai genitori o ai parenti[31].

La Santa Sede nega dunque la riconsegna a chi non abbia il benché minimo diritto sui bambini ebrei che la Chiesa tutela. Ciò riguarda non solo i battezzati, ma «anche i bam-

[31] *Ivi*, p. 227.

bini che non fossero battezzati», e che la Chiesa non può abbandonare finché costoro non sappiano «disporre di se stessi». «Altra cosa sarebbe – chiudeva sul punto Tardini – se i bambini fossero richiesti dai parenti».

> Tale passo – ha osservato Giovanni Sale –, a nostro avviso, va riferito al caso di bambini non battezzati e richiesti da chi avrebbe dal punto di vista morale e giuridico un «diritto naturale» su di essi[32].

Tenendo infatti conto di fattori e vincoli morali e giuridici, è questa una possibile e corretta chiave d'interpretazione della vicenda.

Tenendo anche conto della contingenza politica, di ragioni di opportunità e di forza maggiore, non si potrebbe allargare l'interpretazione, e spiegare la frase «anche quei bambini non battezzati» nel senso di «anche ma non solo loro»? Si può ipotizzare che la chiusa «altra cosa sarebbe se i bambini fossero richiesti dai parenti» riguardi indistintamente tutti i bambini ebrei?

Verso questa interpretazione più lata potrebbero condurre alcuni elementi: il fatto che siano non meglio definite organizzazioni ebraiche, e non i genitori o i parenti, a richiedere quei bambini; il fatto che, come emerge non solo dalla lettera di Herzog ma anche dal promemoria di Dell'Acqua a commento, si tratta di bambini orfani; il fatto che la chiusa del dispaccio di Tardini, rivelato l'11 gennaio 2005 dalle colonne de «Il Giornale» e il «quinto punto» del documento della nunziatura, pubblicato dal «Corriere della Sera» il 28 dicembre precedente, non coincidono.

> Il punto più controverso dell'intera questione – ha scritto infatti il padre Sale – però risulta essere l'ultima parte del punto 5° che dice: «Se i bambini sono ora affidati [alla Chiesa] dai loro genitori e se i genitori ora li reclamano potranno essere restituiti, ammesso che i bambini stessi non abbiano ricevuto il battesimo». Di que-

32 *Ivi.*

st'ultima ipotesi non si parla specificatamente nel documento vaticano, anche perché, probabilmente, il Rabbino Herzog nel suo colloquio col Papa parlò semplicemente della restituzione di bambini ebrei, senza fare riferimento a quelli battezzati; ciò si desume anche dalla lettera indirizzata al Pontefice dal Rabbino capo. Nel documento della Nunziatura invece al punto 5° si accenna (con una formulazione indiretta poco felice) al caso dei bambini ebrei battezzati richiesti dai genitori, anche perché esso fu prospettato al Nunzio dai vescovi francesi, ma, di fatto, non viene indicato un criterio preciso per dipanare tale problema[33].

Come ha bene osservato Gianni Valente dalle colonne di "30Giorni", «solo negli incisi sull'atteggiamento da tenere davanti a eventuali richieste provenienti da familiari dei bambini si registra tra i due documenti uno scarto che lascia aperta la strada a varie ipotesi interpretative»[34].

E su ciò s'innesta l'aspetto politico più interessante della vicenda. Il problema dei battesimi amministrati ai bambini ebrei salvati dai cattolici è una novità. Herzog non ne parla nella sua lettera a Pio XII del 12 marzo 1946, ma la questione si presenta nell'estate, quando i vescovi francesi ed eminenti rabbini la prospettano al nunzio a Parigi Roncalli, e quando questi ne informa la Sede Apostolica.

Si può supporre che il Vaticano abbia preferito non indicare criteri precisi per risolvere il caso francese dei bambini ebrei battezzati? È percorribile una tale pista di ricerca? Davvero le «decisioni» del Sant'Uffizio furono tradotte in «direttive» della Santa Sede per il nunzio a Parigi?

Per tentare una risposta bisogna considerare alcuni fattori: l'aspetto politico locale; gli enormi cambiamenti che stanno vivendo la Francia e la Chiesa francese (con pericolose "derive a sinistra" che anche Roncalli paventa); i pericoli di strumentalizzazione di ogni passo vaticano; gli attacchi della stampa anticattolica sempre dietro l'angolo; la

[33] *Ibid.*

[34] Gianni Valente, *Pio XII, Roncalli e i bambini ebrei. I fatti e i pregiudizi*, in «30Giorni» a. XXIII, 1-2 (2005), p. 61.

necessità di un nuovo dialogo con gli ebrei (sollecitato anche da autorevoli intellettuali cattolici come Maritain).

Tutti questi elementi ci inducono a pensare che la Santa Sede, nel tradurre le statuizioni canoniche in direttive politiche, abbia voluto lasciare la porta aperta ad una soluzione meno indolore possibile, nell'ipotesi si verificassero controversie su bambini ebrei battezzati ancora ospitati presso strutture cattoliche, e ora richiesti da genitori o da parenti sopravvissuti alla *Shoah*.

Al tipico *standum sacris canonibus*, che non poteva non essere espressione di istituzioni come il Sant'Uffizio nel 1946, avrebbe dunque fatto da contraltare la disponibilità della Segreteria di Stato ad affrontare volta per volta eventuali casi delicati in cui fossero ad un tempo coinvolti i bambini ebrei battezzati e i loro genitori o parenti sopravvissuti. Non è escluso che in queste delicate vicende si sia ripetuto, con le debite differenze, un fenomeno già noto all'esperienza antimodernista della Chiesa cattolica: la convivenza tra rigore dottrinario e realismo politico.

Utilizzando questo doppio registro potremmo forse anche spiegarci come mai Pio XII, alla fine del 1947, decide di risolvere, in pochissime ore, un caso riguardante proprio la fattispecie ipotizzata: quello di due bambini ebrei battezzati, per esplicito volere della madre, e da questa lasciati nel 1944 in un convento sulla via Balduina, a Roma, durante la guerra; per poi essere richiesti dalla madre stessa e a questa subito restituiti, dopo il conflitto, su ordine del Papa.

Interlocutori difficili per un dialogo impossibile: le organizzazioni ebraiche e il problema dei bambini ebrei

Non si è fatto caso, in tutta questa polemica, anche alla natura delle organizzazioni operanti nel campo del "recupero" dell'infanzia ebraica dispersa in Europa, indipendentemente dalla complicazione dei pochissimi battesimi amministrati contro le direttive ecclesiastiche.

Nel 1946 sono attive sul continente europeo alcune organizzazioni pionieristiche sioniste, le quali si propongono di chiamare a raccolta i bambini ebrei scampati alla *Shoah*. Tali organizzazioni (L'*Agenzia Ebraica della Terra d'Israele*; la *Ha-Berichah*, la *Ha-Ha'palah*) hanno sul punto un programma comune: esse sostengono che per i bambini ebrei sopravvissuti alla *Shoah* (battezzati e no, ospitati da istituzioni cattoliche, adottati da famiglie cristiane o no) ci sia una sola via di salvezza: portarli tutti nella terra d'Israele con ogni modo e mezzo. In occasione del congresso svoltosi nel marzo 1946 (ossia proprio mentre il Sant'Uffizio, sta per approvare il documento sul caso dei bambini ebrei), i dirigenti di *Ha-Berichah* e di *Ha-Ha'palah*, osservano quanto segue:

> Bimbi a migliaia vengono educati nelle case dei Cristiani e nei conventi con spirito cristiano, ed in futuro anche con spirito antisemitico e si aggiungeranno ai nostri nemici.

Come ricorda uno dei protagonisti, al termine del congresso sono approvate le seguenti decisioni:

> Non si tratta solo di salvare i bimbi da una fede estranea, ma anche del nostro obbligo di riscattarli pienamente e di scalzarli dalla Diaspora. Se la cosa non è possibile mediante un riscatto, uno scambio monetario, o mediante un carico (prezioso) o un dono, la si deve fare con ogni altro mezzo efficace. Si deve agire con i mezzi di "fuga" più efficaci e promettenti[35].

[35] DEQEL, *Seridey Cherev...*, cit., p. 13. Così continua Deqel nei suoi ricordi personali: «Certo, strapparli dalle mani dei ricattatori, che li trattenevano per ricavarne profitto, dalle mani dei "tutori" cristiani che intossicavano le loro anime con esche religiose, e li incitavano perfino contro i figli del loro popolo e della loro religione, quando si rifiutavano di restituirli con vari pretesti, era santa obbligazione – che bisognava adempiere con la massima alacrità. Nel frattempo i Cristiani battezzavano molti bimbi d'Israele e ne facevano dei Cristiani in tutto e per tutto. Molti bimbi si legavano a famiglie estranee che credevano di acquisire un posto in Paradiso col merito di aver salvato un'anima perduta d'Israele e li portavano sotto le ali della fede cristiana, e questo vigeva anche

Va inoltre considerato che sempre nel 1946 il controllo di *Ha-Berichah* passa nelle mani del *Mossad le-Aliyah Bet* (o *Mossad per l'immigrazione illegale in Palestina*), che sposta la direzione delle sue operazioni europee proprio a Parigi.

E le altre organizzazioni impegnate nel campo? Prima di occuparcene occorre ribadire che bambini ebrei ricercati non sono dispersi per una sola causa o nascosti per un unico espediente. Vi sono dei bambini che le stesse organizzazioni ebraiche hanno provveduto a nascondere; vi sono poi quelli nascosti per decisione degli stessi genitori o parenti, e ospitati presso organizzazioni e famiglie non ebree (non necessariamente e non sempre cattoliche).

Se il conteggio dei "dispersi" è facile per i casi di bambini nascosti dalle organizzazioni ebraiche, più difficile è sapere esattamente la cifra di quei bambini nascosti per decisione di genitori o di parenti poi scomparsi nella *Shoah*. Questi bambini rappresentano la vera incognita: non solo per il loro effettivo numero, ma anche perché sono ritenuti quelli maggiormente in "pericolo di conversione" o di "degiudaizzazione", specialmente in quei numerosi casi in cui i bambini sono stati nascosti da genitori o parenti, presso famiglie o istituzioni cattoliche. Sono questi i casi che maggiormente attirano l'attenzione delle organizzazioni ebraiche.

Tali organizzazioni sono poi estremamente variegate e tra esse si è ingaggiata alla fine del 1945 una reale competizione per assicurarsi i bimbi "dispersi". L'*Opera di protezione dell'infanzia ebraica* (OPEJ), presto trasformatasi in *Servizio di evacuazione e di raggruppamento dei bambini* (SERE), setaccia sistematicamente le istituzioni religiose nella Francia sud-occidentale, con lo scopo di trasferire in Palestina

nei conventi. Non c'è dubbio che molti dei bimbi d'Israele li abbiamo persi senza che fosse detta loro una parola sulla loro origine, e senza che sia mai stato possibile liberarli. Pertanto il dovere dei movimenti pionieristici *Ha-Ha'palah* ed *Ha-Berichah* era di venire a capo dei problemi e delle operazioni connesse con la ricerca dei bimbi d'Israele, di riscattarli e farli fuggire attraverso i confini dell'Europa e portarli nella Terra [d'Israele]. Questi erano l'obbiettivo e la ferma risoluzione».

tutti i bambini ebrei che possa trovarvi, sulla base delle liste di nomi disponibili. L'*Organizzazione internazionale sionista femminile* (WIZO), collegata per un certo tempo alla *Unione generale degli israeliti di Francia* (prima che questa cessi di esistere), opera attraverso delle "assistenti sociali" la cui azione di recupero si svolge con un sistematico "porta a porta".

Nella zona di Lione il *Servizio di evacuazione* è riuscito a ottenere dal Commissario della Repubblica, lo scrittore e giornalista Yves Farge, un ordine a tutti i sindaci di segnalare i casi di bambini ebrei di cui i municipi si stiano occupando.

I principali successi delle istituzioni ebraiche si registrano proprio nei casi in cui le liste dei fanciulli sono curate e continuamente aggiornate dalle stesse organizzazioni ebraiche.

Fra quelle particolarmente più attive va menzionata l'*Unione degli Ebrei per la resistenza e il mutuo soccorso* (UJRE), nata, insieme alla *Unione della gioventù ebraica* (UJJ) da un piccolo nucleo di resistenza ebraica comunista di Grenoble[36]. Questa organizzazione crea un'apposita *Commissione centrale dell'infanzia*, in grado di affiancare un'altra organizzazione ebraica comunista, quella della *Manodopera immigrata* (MOI)[37] e il *Movimento nazionale contro il razzismo*, nell'azione di recupero dei bambini ebrei.

Queste multiformi organizzazioni ebraiche rendono più ardua la ricerca di una modalità di approccio al problema dei bambini e più ambigua ogni possibile soluzione a esso.

> Occorre tuttavia rendersi ben conto che la rivendicazione del ritorno dei bambini in seno al giudaismo pone, in questo immediato dopoguerra, un problema politico – ha osservato Katy Hazan.

[36] Cfr. CLAUDE COLLIN, *Montpellier-Grenoble, 1942. Eléments pour une histoire des organisations communistes juives en zone Sud*, in «Cahiers d'Histoire» 3 (1999).

[37] La MOI, attivissima organizzazione della Resistenza francese nella regione d'Isère, avrebbe dato il maggior contributo alla creazione del drappello dei *Franchi tiratori e partigiani* (FTP-MOI).

Essa non è compresa dalle autorità di tutela (i ministeri, l'Ufficio degli orfani della Nazione, l'Assistenza pubblica, le differenti amministrazioni) e dall'opinione pubblica, tutti pronti a giudicare che gli ebrei praticano del razzismo al contrario, tanto la loro attitudine va in senso contrario agli usi repubblicani di laicità. Di conseguenza, quale linguaggio adottare e che cosa rivendicare? Si può, ad esempio, far partire dei bambini per la Palestina? L'aspetto religioso della questione non è meno complesso. Senza dubbio la rivendicazione di recuperare ad ogni costo dei bambini in pericolo di conversione è unanime in tutte le organizzazioni ebraiche, ma poi a chi affidarli? Il giudaismo è perlomeno multiforme, se non profondamente diviso, e la sua definizione religiosa è ben lungi dall'ottenere tutti i suffragi degli ebrei di Francia. D'altro canto, l'influenza cattolica è ben più potente negli anni Cinquanta rispetto ad oggi e le relazioni giudaico-cristiane balbettano. L'aspetto sociale, infine: che fare degli orfani? Affidarli a delle famiglie di prima accoglienza o custodirli entro delle collettività? E chi finanzierà tali collettività? Le organizzazioni private (in questo caso l'*American Joint Distribution Committee*, che finanzierà le case dei bambini fino al 60%) non possono sopportare tutte le spese; ma se lo Stato deve svolgere la sua parte, esso sarà anche in diritto di esercitare un controllo, che assumerà legiferando. In più esso chiede un interlocutore unico nella trattazione di tali questioni, il che non otterrà mai, nonostante i tentativi di unione.

Proprio questi problemi fanno capire che la questione dei bimbi ebrei, per le stesse organizzazioni giudaiche, si rivela inserita in quella prova di forza interna alla comunità ebraica francese per la conquista di posizioni di preminenza, consumatasi fin dal marzo del 1945. Il vero problema che interessa le citate organizzazioni è quello delle relazioni tra il *Consiglio rappresentativo degli israeliti di Francia* (CRIF) e il Concistoro di Parigi, e nei confronti del movimento sionista.

Ne consegue che i tentativi di unire l'ebraismo francese sono destinati al fallimento. L'ebraismo francese e i suoi movimenti sono un crogiolo d'istanze politiche e ideologiche difficili da decifrare, da definire per poi racchiudere in un tutto unico. Prova a far ciò il *Comitato generale ebraico per la difesa parigina*, ma subito il *Consiglio rappresentativo* rivendica ogni competenza in materia e il ruolo d'interlocutore unico nelle vicende degli ebrei di Francia.

Ma il Concistoro di Parigi, rappresentativo del Rabbinato di Francia, è l'organo maggiormente in grado di dialogare con i cattolici sulla delicata questione dei bambini ebrei, godendo esso del «vantaggio di situare la questione dei bambini ebrei sul solo terreno della religione, il che è più conforme alle tradizioni repubblicane».

Ed è il Concistoro a imporsi alla visione delle organizzazioni laiche, specialmente a quelle di matrice comunista. Ma esso non può nulla sul movimento sionista francese, che subito si organizza anzitutto intorno al *Joint Distribution Committee of American Funds for the Relief of the Jewish War Sufferers* (più brevemente: *Joint*), «il quale ha creato in Francia, a partire dal 1943, un comitato incaricato di ripartire i fondi, restando il denaro in ogni caso la chiave di ogni azione».

Questa etereogeneità di fini nell'eterogeneità dei mezzi contraddistingue l'azione delle organizzazioni ebraiche francesi per il recupero dei bimbi ebrei. «Ogni organizzazione continua peraltro a condurre la sua propria politica, che ciascuno cerca di distinguere dagli altri», mentre «la diffidenza reciproca resta la regola». Gli ebrei comunisti ritengono che organizzazioni generali come il Consiglio superiore dell'infanzia ebraica debbano «limitarsi alla ricerca e al recupero dei bambini»; lo stesso Consiglio superiore ben presto denuncia i tentativi del Concistoro rabbinale di Parigi d'imporre ai piccoli un'educazione religiosa ebraica. Mentre, a sua volta, il Concistoro accusa l'Opera di soccorso all'infanzia di star abbandonando alla loro sorte i bambini ebrei ospitati da ambienti cattolici; e denuncia presso il ministro per i Prigionieri, i Deportati e i Rifugiati, Henri Fresnay, l'attitudine «antifrancese di questa organizzazione che con una banda di sionisti cerca di inviare in Palestina i bambini ebrei rifugiati in Svizzera». Ma quasi in un gioco delle parti, l'organizzazione ebraica denunciata dai rabbini di Francia sta negoziando proprio con Fresnay l'affidamento di 427 giovani scampati al lager di Buchenwald[38].

Nel 1946, quella dell'ebraismo francese e delle sue organizzazioni è dunque una situazione magmatica: come abbiamo visto, non c'è la benché minima intesa tra le istituzioni ebraiche sugli scopi ultimi della loro azione, e tantomeno sul destino finale dei bimbi che esse desiderano "liberare".

Considerazioni conclusive

Di fronte a questi eventi, e di fronte al caleidoscopio delle organizzazioni ebraiche che richiedono ai cattolici la consegna dei bambini israeliti, appare chiara la necessità per la Santa Sede di una rigorosa verifica caso per caso della fondatezza delle richieste: ammesso e non concesso che sia la Santa Sede, e non per esempio delle normali famiglie (cattoliche e no, in virtù dell'affidamento o dell'adozione regolato da leggi francesi), a detenere diritti legali sui bambini ebrei salvati dalla *Shoah*.

Le istituzioni ebraiche sono, come si è visto, estremamente divise nei programmi e negli scopi, e per di più non sono genitori con diritti naturali sui minori, né rappresentano gli interessi dei parenti. La richiesta avanzata da quelle organizzazioni è di tipo generale; ed esse non possono essere accolte in blocco perché, solo dall'analisi del caso per caso si possono individuare e accertare rigorosamente precisi diritti in capo ai richiedenti. Come ha efficacemente osservato il padre Giovanni Sale dalle pagine della «Civiltà Cattolica», «la non restituzione dei bambini ebrei battezzati alle "organizzazioni" che li richiedevano aveva lo scopo, come si è accennato, da un lato, di proteggere in qualche modo tali minori ("affidati alla Chiesa che li ha presi in consegna") da

38 HAZAN, *Récupérer les enfants cachés*, cit., pp. 18-20.

un loro possibile uso strumentale; dall'altro, probabilmente era dettato da un certo sentimento antisionista, presente sia nel popolo sia nella Gerarchia cattolica» e presente nello stesso Roncalli[39]; ma anche assai diffuso a livello politico internazionale.

Va poi considerato che, anche se non tutte le organizzazioni e personalità ebraiche erano sioniste, lo erano all'epoca quelle organizzazioni in grado di farsi avanti più e meglio dei Rabbini del Concistoro di Parigi, i quali invece puntavano sul fattore religioso per instaurare un dialogo col Vaticano e risolvere la questione dei bambini ebrei. La Santa Sede tuttavia da un lato sospettava che il fattore politico si annidasse dietro quello religioso, mentre dall'altro constatava come la voce delle organizzazioni sioniste fosse la più forte, come il loro potere fosse in grado perfino di contrastare l'azione di entità giudaiche più antiche e autorevoli, come appunto il Concistoro[40].

Sotto questa luce, la questione dei bambini ebrei appare in tutta la sua complessità. Una complessità che non dovrebbe condurre a certi facili giudizi liquidatori che abbia-

39 Sale S.I., *La vicenda dei bambini ebrei...*, cit., p. 229.

40 Si consideri tuttavia che alcune organizzazioni sioniste di assistenza agli ebrei riconoscevano lo sforzo profuso dalla Santa Sede e dalla Chiesa cattolica per il salvataggio degli ebrei. Come dimostrano le dichiarazioni di Reuben B. Resnik, direttore per l'Italia e i Balcani del *Joint Distribution Committee*. Pur richiamandosi all'usuale tema della Palestina come terra cui indirizzare la «incondizionata emigrazione ebraica», Resnik all'inizio del 1946 sottolinea nei giornali americani «l'efficace aiuto segretamente dato agli ebrei durante il periodo dell'occupazione nazista dalla Chiesa cattolica e da moltissimi cittadini italiani». «Migliaia di ebrei – queste le testuali dichiarazioni di Resnik – devono la loro vita a cittadini italiani e alla Chiesa cattolica che, attraverso i suoi Rappresentanti, dai cardinali agli umili parroci di campagna, ha offerto cibo e aiuto. Uomini, donne e bambini hanno trovato rifugio nei conventi, negli asili e persino nei manicomi a cura di amici cattolici, i quali li hanno anche muniti di documenti di identità falsi, di false carte alimentari, ed in genere di ogni documento necessario per sfuggire alle persecuzioni naziste». Come esempio di abnegazione cattolica Resnik cita poi l'azione di salvataggio dei frati francescani di Assisi. Tarchiani a Sforza, 15 gennaio 1946, telespresso n. 724/164, ASMAE, Affari Politici (1946-50), *Santa Sede*, busta 1. Le parole di Resnik sono ulteriore smentita delle affermazioni di Susan Zuccotti, circa l'assenza di direttive della gerarchia vaticana impartite al clero cattolico al fine di salvare gli ebrei minacciati dalla *Shoah*.

mo letto sulla stampa nel dibattito su questa vicenda. La "resistenza" opposta dalla Santa Sede alle richieste di istituzioni ebraiche s'iscrive infatti in un contesto ben diverso dal rifiuto *sic et simpliciter* di consegnare i bambini alle loro famiglie.

Non a caso, la chiusa del documento inviato da Tardini a Roncalli non prefigura una "tutela minorile pontificia" ad ogni costo. Dopo aver spiegato i casi in cui la Sede Apostolica continuerebbe ad occuparsi dei minori ebrei, anche non battezzati, rifiutando di consegnarli «a chi non ne avesse diritto», il dispaccio di Tardini conclude: «Altra cosa sarebbe se i bambini fossero richiesti dai parenti».

Vi sono dunque piste più ampie di ricerca e di interpretazione dei fatti: è probabile che le richieste avanzate dalle istituzioni ebraiche siano state dirette non solo al mondo cattolico, ma anche ai cristiani in genere e a un contesto sociale più ampio; su ciò andrebbe indagato meglio.

Non va poi trascurato il peso di altri fattori, cui abbiamo già accennato: come la legge francese sull'adozione (per eventuali casi di affidamento trasformati in un rapporto adottivo), su cui un nunzio apostolico, per ragioni legate al suo ruolo e in ossequio al diritto generale internazionale, non avrebbe potuto intervenire.

Va infine considerato che i "bambini" oggetto di tutta la *querelle* erano minori entro il ventunesimo anno di età. Entravano quindi in gioco molte altre questioni: pensiamo al lato affettivo e alla psicologia evolutiva di fanciulli cui la *Shoah* aveva strappato i genitori, senza altri parenti e inseriti in un contesto familiare nuovo che avrebbero dovuto ora abbandonare; pensiamo al proponimento delle organizzazioni sioniste di «riscattare pienamente» in massa quei fanciulli, di «scalzarli dalla Diaspora» offrendo a chi li aveva ospitati «un riscatto, uno scambio monetario» o addirittura «un carico (prezioso) o un dono». Quasi bastasse, a compensare gli affetti perduti, un semplice *do ut des* in vista di grandi disegni politici in Palestina.

Si tratta insomma, di una gamma di situazioni non racchiudibili in un unico criterio di giudizio; e meno che mai riducibili in quegli steccati che, dividendo per ogni epoca i "buoni" dai "cattivi", spesso mancano di una ricostruzione che sia allo stesso tempo calibrata e articolata.

Dovendo infine riassumere le nostre ricerche, attireremmo l'attenzione su pochi ma significativi punti che riteniamo diversi da quelli da cui la polemica sui bambini ebrei è partita. Anzitutto, il testo pubblicato da Alberto Melloni non era "il" documento del Sant'Uffizio. In secondo luogo, il testo incriminato fu inviato al cardinal Gerlier non prima del 30 aprile 1947; anche se non riusciamo a spiegarci i motivi di un ritardo di ben sette mesi dalla data del dispaccio di Tardini, e di sei dalla sua redazione. In terzo luogo, siamo giunti alla conclusione che la vera vicenda riguardava i casi di bambini orfani reclamati "non" dai genitori o dai loro familiari, ma da non meglio precisate istituzioni ebraiche (una galassia che abbiamo presentato sinteticamente al lettore); e molte di queste istituzioni, operanti proprio in Francia, puntavano a ottenere in consegna tutti i bambini ebrei allora affidati a istituzioni e a famiglie, cattoliche e no, in vista del loro trasferimento in Palestina.

Sarebbe bastato del resto porre sufficiente attenzione anche all'oggetto del documento pubblicato il 28 dicembre 2004 per accorgersi che era questo il fulcro della questione. Come recita l'*incipit*, i casi che il documento affrontava riguardavano i «bambini giudei che, durante l'occupazione tedesca, sono stati affidati alle istituzioni e alle famiglie cattoliche e che ora sono reclamati dalle istituzioni giudaiche perché siano loro restituiti».

Come spiegare dunque l'esistenza, nello stesso documento, di un "quinto punto" riguardante «i bambini [...] affidati (alla Chiesa) dai loro genitori» che adesso li reclamavano? Fu esso inserito dalla nunziatura sulla base di precise conclusioni del Sant'Uffizio ma non della Segreteria di Stato? Fu inserito come norma di condotta residuale, per dare ai vescovi francesi indicazioni che ricoprissero ogni possibile casistica? E come mai questo "quinto punto" differisce alquanto dalle direttive vaticane ormai note dalla pubblicazione integrale del documento, fatta da «Il Giornale», da Vatican Files.net e da «La Civiltà Cattolica»?

Abbiamo anche appurato che il brano pubblicato da Melloni non era del 20 ottobre 1946 ma del 23 successivo; il che, come abbiamo visto, implica l'ipotesi di un ruolo giocato dal nunzio Roncalli, tornato a Parigi dalle ferie il 22 ottobre, e che pranza coi cardinali e arcivescovi francesi proprio il 23.

Peraltro, lo si ricordi, il documento pubblicato il 28 dicembre 2004 è stato tratto da un fondo ancora chiuso di archivi ecclesiastici francesi, apparendo come una *glossa* delle direttive vaticane, preparata dalla nunziatura parigina a uso dei vescovi francesi.

Dulcis in fundo, il pezzo archivistico "scoperto" era in realtà mancante di altre due pagine, che riportavano appunto le vere e proprie direttive vaticane, elaborate sulla base di un parere del Sant'Uffizio dato ben sette mesi prima, su diretta sollecitazione di Pio XII, ma inviate a Roncalli su sua richiesta, essendo stato questi contattato dai vescovi e dagli ebrei francesi per una questione accessoria: quella dei bimbi ebrei battezzati connessa a quella più ampia dei bimbi ebrei salvati dalla *Shoah*.

Non si è inoltre considerato che non eravamo di fronte a un caso di "sottrazione di minori ebrei" (o di un Papa "rapitore di bambini"!); e che non si trattava di bimbi ebrei battezzati "negati" dalla Chiesa ai genitori o ai congiunti naturali. Supponiamo che dal 1946 a oggi questi casi sarebbero venuti fuori in massa, se non dagli archivi vaticani, perlomeno da quelli ebraici.

Che ciò non sia accaduto lo suggerisce Gerhart Riegner, l'attivista della sede ginevrina del *World Jewish Congress*, di cui abbiamo già parlato. Quando nel 1953 Riegner viene interessato dal caso dei fratelli Finaly, i bambini battezzati di nascosto dalla loro tutrice cattolica, egli stenta a credere a una storia così rocambolesca (che narreremo più avanti):

> Vi era certamente stato l'affare Mortara a Bologna – narra Riegner nelle sue memorie –, ma era successo cento anni fa. Che un tale affare si potesse verificare nella nostra epoca era difficile da accettare[41].

Pochi casi dunque, e Riegner ne rievoca due a distanza di un secolo, il caso Mortara e il caso Finaly. Il che ci sembra significativo.

Oltre a ciò, dobbiamo ribadire che non è scaturito un dibattito sulla vera identità e natura delle istituzioni ebraiche (che abbiamo cercato d'indagare nelle pagine precedenti), le quali chiedevano che il Papa impartisse una «disposizione» (è il termine usato da Herzog con Pio XII) a famiglie e istituzioni cattoliche di consegnar loro i bambini ebrei. Quali diritti tali istituzioni potevano accampare verso i minori da esse richiesti?

Quasi non bastasse, non si è considerata la possibilità che, a distanza di anni, molti orfani ebrei potessero essere stati ormai adottati dalle famiglie ospiti. Ebbene, in questo caso, che diritto avrebbe avuto la Sede Apostolica o il suo nunzio a Parigi di discutere la validità di queste adozioni, e dunque della legge francese che le aveva ratificate?

Nel dibattere di tutte queste vicende qualcuno ha voluto anche innalzare uno steccato tra Pacelli e Roncalli, vedendo in quest'ultimo, come abbiamo detto, un "fedele disubbidiente" del primo. Mentre Roncalli, pur con una sensibilità tutta sua, eseguì sempre, in «obbedienza e pace», le direttive di Pio XII, verso il quale nutriva una devozione a tutta prova, come del resto le sue agende di nunzio rivelano.

Nemmeno occorrerebbe ribadire ciò, tanto risulta chiaro dalla prestigiosa raccolta dagli *Actes et Documents du Saint-Siège*, ora corroborata dalla ricchissima documentazione

41 RIEGNER, *Ne jamais désesperer...*, cit., p. 623.

pubblicata dall'Archivio Segreto Vaticano col titolo *Inter Arma Caritas.* Va aggiunto solo che Roncalli sembrò per un momento discordare dalla politica pacelliana quando temette che l'aiuto dato dal Vaticano agli ebrei durante la *Shoah* per trasferirsi in Palestina potesse alla fine servire per la costituzione di un nuovo «Regno di Giuda e d'Israele»; ciò che per lui era un'utopia[42]; una convinzione, come abbiamo già detto, da tempo assai diffusa in Europa, e che supponiamo immutata in Roncalli anche nel 1946.

Ci sono dunque nuove suggestioni che arricchiscono il quadro con risvolti politico-diplomatici sinora inspiegabilmente trascurati. Si tratta di elementi da tener presenti, per non banalizzare tutta la vicenda dei bambini ebrei con l'usurata teoria dell'antisemitismo di Pio XII; e meno che mai con una pretesa diatriba fra Pacelli e Roncalli su una questione che, sia dal punto vista dottrinale sia da quello operativo, vide il nunzio a Parigi perfettamente allineato alle direttive vaticane.

[42] *Actes et Documents du Saint-Siège relatifs à la seconde guerre mondiale*, vol. 9, doc. 324.

Capitolo III

DA PIO IX A PIO XII
CENTO ANNI DOPO MORTARA

Abbiamo potuto esaminare, nel capitolo precedente, la complessità del problema della restituzione dei bambini ebrei salvati da istituzioni cattoliche e richiesti dalle organizzazioni ebraiche alla fine della guerra. Abbiamo analizzato le richieste dell'episcopato francese, l'atteggiamento del nunzio apostolico a Parigi Angelo Roncalli, il parere del Sant'Uffizio, le direttive della Segreteria di Stato. Abbiamo ricostruito, attraverso le importanti fonti documentarie in nostro possesso, come la "politica" della Santa Sede, districandosi tra dottrina e buon senso, si manifestasse attraverso due binari concreti: da una parte la riaffermazione dei principi sanciti dal Codice di Diritto canonico, dall'altra un per lo più tacito ma comprensibile via libera a soluzioni di compromesso sui singoli casi, affidati alla sensibilità dell'episcopato francese che a Roma si sapeva bene essere propenso ad affidare in ogni caso i piccoli scampati all'Olocausto alla loro comunità d'origine.

«Dopo l'uragano della guerra», ha scritto Gianni Valente, «e davanti al magma rovente e incontrollabile dei sentimenti e dei dolori, degli affetti feriti, delle esasperate rivendicazioni identitarie che segnano il dopoguerra, Pacelli e Roncalli, ognuno con la propria indole e la propria storia, con le proprie flessibilità e i propri limiti, appaiono come testimoni e interpreti concordi di un *modus agendi* ecclesiale, di una sensibilità – la stessa espressa in quegli stessi anni in Segreteria di Stato da Tardini e da Montini – che meritano indubbiamente di essere indagati con libertà dagli storici. Di certo già allora, ben prima del Concilio ecumenico Vaticano II, mostravano di non coltivare alcun rimpianto per i tempi delle conversioni coatte e dei battesimi amministrati a forza»[1].

La storia di Edgardo

Più volte, durante i giorni della polemica sul documento pubblicato il 28 dicembre 2004 da Alberto Melloni sul «Corriere della Sera», è stato evocato il caso di Edgardo Mortara. Vale la pena descriverlo, almeno per sommi capi, per comprendere quale peso abbiano avuto i quasi cento anni trascorsi tra questo clamoroso episodio ottocentesco, che vide protagonista papa Pio IX, e i casi del dopoguerra francese.

In tempi recenti due autori, a distanza di un anno l'uno dall'altro, hanno approfondito questa discussa vicenda, entrambi con un'ottica pregiudizialmente ostile alla Chiesa[2].

Edgardo era il primogenito di Salomone Levi Mortara (detto «Momol», agiato fabbricante e mercante di attrezzi da tappezzeria che aveva un negozio a Bologna in via Lame) e di Marianna Padovani, anch'essa ebrea. Nato nell'agosto 1851, all'età di diciassette mesi il piccolo è colpito da una grave forma di neurite. Anna Morisi, la giovane domestica dei Mortara, di fede cattolica, credendolo in pericolo di morte, attende che la madre si allontani dalla culla e presa un po' d'acqua lo battezza pronunciando la formula sacramentale all'insaputa dei genitori. Va precisato che le leggi in vigore nello stato pontificio vietavano alle famiglie ebree di

1 VALENTE, *Pio XII, Roncalli e i bambini ebrei. I fatti e i pregiudizi*, cit., pp. 56-63.
2 DAVID KERTZER, *Prigioniero del Papa Re*, Rizzoli, Milano 1996 e DANIELE SCALISE, *Il caso Mortara*, Mondadori, Milano 1997.

avere a loro servizio domestici cattolici anche per scongiurare simili situazioni. La Chiesa aveva sempre proibito il battesimo di minorenni in mancanza del consenso dei genitori, salvo il caso di bambini "esposti"[3] o che si trovassero in punto di morte. Questo era dunque uno dei casi previsti dalle leggi canoniche. Tali prescrizioni, peraltro, sono state mantenute sia nel Codice di Diritto canonico del 1917, sia in quello promulgato da Giovanni Paolo II nel 1983 (canone 868, paragrafo 2)[4].

«Conformandosi al pensiero dei Padri, e poi di san Tommaso – ha scritto Vittorio Messori – la Chiesa aveva sempre proibito che i figli minorenni di ebrei fossero battezzati senza il consenso dei genitori: l'autorità paterna (quale che sia la fede dei genitori) è un principio del diritto naturale che è tra i capisaldi del sistema cattolico. Ma il caso Mortara investiva il diritto soprannaturale: il battesimo validamente amministrato rende "cristiani" *ex opere operato*, imprime il carattere indelebile di "figlio della Chiesa". Non è la fede dei genitori, è la fede della Chiesa che – nel battesimo – è imputata al bambino. Dunque, poiché valida anche se illecita, l'azione di quella domestica (convinta che il piccolo stesse per morire) rendeva la Chiesa stessa come prigioniera del suo dovere di non respingere quel suo figlio inaspettato e di assicurargli un'educazione cristiana. Proprio per evitare questi casi, i papi avevano moltiplicato le condanne contro "battezzatori" irresponsabili e avevano preso cautele»[5].

Edgardo, che sembrava molto ammalato al punto che i genitori leggono per lui le preghiere ebraiche dedicate ai moribondi, supera la crisi e si riprende. La circostanza del

[3] Gli «esposti» erano i bambini appena nati abbandonati dalle madri nelle cosiddette «ruote degli esposti» presenti in molti conventi e chiese: la ruota girevole permetteva alla madre di affidare anonimamente il suo neonato alle istituzioni religiose.

[4] Il Codice di Diritto canonico attualmente in vigore, approvato da Giovanni Paolo II, stabilisce che è lecito battezzare il bambino di genitori cattolici o non cattolici, in caso di pericolo di morte, anche contro il volere degli stessi genitori: «*Infans parentum catholicorum, immo et non catholicorum, in periculo mortis licite baptizatur, etiam invitis parentibus*». *Codex Iuris Canonicis*, Città del Vaticano 1983, can. 868, § 2.

[5] Vittorio Messori, *Le cose della vita*, San Paolo, Cinisello Balsamo 1995, p. 322.

suo battesimo sarebbe rimasta segreta se alcuni anni dopo anche il fratello minore Aristide non si fosse ammalato gravemente. La domestica, incerta questa volta sul da farsi, si confida con una anziana signora del quartiere, rivelandole ciò che era accaduto con Edgardo e la donna a sua volta riferisce l'accaduto al droghiere del quartiere, tale Lepori. A Bologna era da poco arrivato un nuovo arcivescovo, il cardinale Michele Viale Prelà, già nunzio apostolico a Vienna, che aveva sostituito il cardinale Carlo Opizzoni, morto quasi novantenne. Il prelato si fece conoscere per un certo rigorismo, al punto che secondo alcune testimonianze, nei giorni di venerdì e sabato «erano mandati nelle case sospette degli speciali incaricati a osservare se vi si cuocesse la carne». L'inquisitore della curia bolognese era il domenicano Pier Gaetano Feletti. Secondo la normativa varata da papa Benedetto XIV nel febbraio 1747, ogni bambino battezzato doveva essere educato cattolicamente anche contro la volontà dei genitori. La voce del battesimo impartito al Mortara raggiunge padre Feletti, il quale a sua volta informa il cardinale arcivescovo. Dopo una minuziosa inchiesta che stabilisce che il sacramento è stato dato illecitamente, ma è valido, la Santa Sede ordina che Edgardo sia educato alla fede cristiana nella Pia Casa dei Catecumeni e neofiti di Roma, a meno che i genitori stessi non si impegnino a fargliela conoscere. Una soluzione proposta alla famiglia prevede che il piccolo sia affidato a un istituto religioso di Bologna, non lontano dall'abitazione dei Mortara, che avrebbero così potuto continuare ad avere contatti con il figlio. I genitori di Edgardo avrebbero accettato la proposta, ma il caso era ormai diventato di dominio pubblico e sarebbe stato utilizzato per scatenare una campagna internazionale contro la Chiesa e il papa Pio IX[6].

[6] RAFFAELE DE CESARE, *Roma e lo Stato del Papa*, Milano 1970, p. 251. De Cesare cita in proposito il racconto di Testoni, riportato nel libro di MARCO MINGHETTI, *La Convenzione di settembre*, Bologna 1899. Per i provvedimenti di Benedetto XIV riguardanti gli ebrei, cfr. MARINA CAFFIERO, *Battesimi forzati. Storie di ebrei, cristiani e convertiti nella Roma dei papi*, Viella, Roma 2004, pp. 73 ss.

La sera del 24 giugno 1858, fra le grida disperate dei genitori, il pianto dei fratelli e delle sorelle e la commozione degli stessi gendarmi, il bambino ebreo viene portato via dalla famiglia. Entrerà nel collegio di San Pietro in Vincoli e avviato al sacerdozio. Su Roma e su Pio IX, che prende sotto la sua protezione il bambino trattandolo come un figlio dicendo «quello che io feci per questo ragazzo avevo il diritto e il dovere di farlo; e se dovessi lo farei di nuovo», si scatena la bufera. Le comunità ebraiche del Piemonte insieme a quelle di Inghilterra e di Francia protestano formalmente per l'accaduto. L'Alleanza israelitica mondiale invia un messaggio a papa Mastai che si conclude con queste parole: «Rendete, Santo Padre, la pace e la felicità ai parenti del giovane Mortara, e la sicurezza a tutti quelli che il ratto di questo fanciullo ha gettato nelle inquietudini e nella diffidenza». Interviene, invano, l'imperatore francese Napoleone III e anche Camillo Benso conte di Cavour, primo ministro del regno piemontese.

Se ci si astiene per un istante dal guardare all'infelice episodio con gli occhi della modernità, e si valuta qual era la situazione storica, ci si accorge, ad esempio, che all'epoca era abitudine molto diffusa nelle famiglie benestanti affidare i bambini sin dalla più tenera età a collegi laici o religiosi con regimi rigidissimi, ma soprattutto che gli stessi stati laici e liberali teorizzavano e praticavano qualcosa di molto simile al provvedimento voluto nel 1747 da Benedetto XIV. In Inghilterra, ad esempio, era stabilito dalla legge l'allontanamento dei figli da quei genitori che li educassero all'incredulità, cosa che capitò al poeta Shelley. Lo stesso accadde a molti irlandesi, perché intenzionati a crescere nella fede cattolica i loro figli. Con questo non si vuole certamente giustificare la decisione di strappare il piccolo alla famiglia, ma semplicemente far comprendere come anche questa dolorosa vicenda vada adeguatamente contestualizzata.

Mortara, una volta adulto, non volle più rientrare in seno

alla famiglia. Vale la pena di lasciare a lui la parola, riportando quasi integralmente la sua deposizione agli atti del processo di beatificazione e canonizzazione di papa Pio IX[7].

La parola al protagonista

«Mi chiamavo al secolo Edgardo Levi Mortara, in religione Pio Maria. Sono nato in Bologna dai furono Salomone e Marianna Padovani nel 27 agosto 1851. Nell'età di 13 anni entrai come aspirante presso i Canonici regolari di S. Pietro in Vincolis; fui ammesso al noviziato il 6 ottobre 1866 a S. Agnese fuori le mura, nella cui Basilica pronunziai i voti semplici il 17 novembre 1867; feci poi la professione solenne nella Canonica di Nova Cella nel Tirolo austriaco presso Bressanone il 31 dicembre 1871. Ho insegnato in Italia e all'estero scienze sacre e profane; ma specialmente mi sono dedicato alla predicazione in varie lingue.

Nato da genitori israeliti, all'età di circa diciassette mesi fui sorpreso da una grave malattia, neurite, che mi ridusse all'estremo, e riconosciuto il caso gravissimo dal medico, ora defunto, come credo. Accortasi del pericolo la fantesca, Anna Morisi, cristiana e ottima giovane di sedici o diciotto anni, che i miei genitori, malgrado le leggi allora vigenti nello Stato Pontificio ritenevano al loro servizio, prese la determinazione di amministrarmi il Santo Battesimo. Colto il momento, in cui mia madre m'avea lasciato solo nella culla, si avvicinò con un po' d'acqua, e mi battezzò *per aspersionem*, pronunziando la formula sacramentale. Terminato quest'atto, comparve mia madre, che di nulla s'accorse. Tutti questi dettagli risultano in sostanza dai documenti annessi al Processo svolto a Bologna

[7] *Romana seu Senogal Spoletana seu Imolensi et Neapolitana, Beatificationis et canonizationis servi dei PII IX summi pontificis*, vol. I. *Tabella testium et summarium. Super Introductione Causae*, Sacra Rituum Congregatione, Roma 1954. Il testo integrale della deposizione di Edgardo Mortara è stato anche pubblicato in appendice al libro di GIULIO ANDREOTTI, *La fuga di Pio IX e l'ospitalità dei Borbone*, Roma 2003, pp. 187-201.

nel 1859, a carico del P. Gaetano Feletti, che era stato Presidente del Tribunale della Sacra Inquisizione di Bologna, prima dell'annessione delle Romagne al Regno d'Italia.

Il fatto fu mantenuto nel più assoluto segreto dalla Morisi, sorpresa della mia pronta guarigione. Sei anni dopo, un mio fratellino di nome Aristide, cadde gravemente ammalato. Sollecitata con istanze la Morisi da una sua amica, a battezzare il bambino *in extremis*, essa si ricusò a farlo allegando per ragione la mia sopravvivenza al Battesimo, e così fu rivelato il segreto. Giunta in tal modo la notizia del mio battesimo a conoscenza dell'Autorità Ecclesiastica Ordinaria, questa giudicando che, il caso era troppo grave per essere della sua competenza, ne riferì direttamente alla Curia Romana. Per quanto risulta dal Processo (e io non so altro) il Santo Padre per mezzo di una Congregazione Romana, incaricò il Feletti della mia separazione dalla famiglia, la quale ebbe luogo, *cum auxilio brachii saecularis*, cioè intervenendo i gendarmi dell'Inquisizione, che io ricordo, il giorno 24 giugno del 1858. Fui condotto dai gendarmi a Roma e presentato a Sua Santità Pio IX, il quale mi accolse con la più grande bontà, e si dichiarò mio padre adottivo, come di fatti lo fu, finché visse incaricandosi della mia carriera e assicurando il mio avvenire. Mi affidò al Canonico D. Enrico Sarra, Rettore dell'Istituto dei Neofiti a S. Maria dei Monti, diretto dalle Figlie del S. Cuore.

Pochi giorni dopo il mio arrivo in Roma, ricevuta l'istruzione religiosa, mi furono supplite le cerimonie del Battesimo dal Cardinal Ferretti, nepote di Sua Santità; e questo porse occasione all'equivoco storico, che io sia stato battezzato a Roma dopo la mia separazione dalla famiglia, come racconta il De Cesare in una delle sue opere. Otto giorni dopo si presentarono i miei genitori all'Istituto dei Neofiti per iniziare le pratiche onde riavermi in famiglia. Essendosi data loro piena facoltà di vedermi e trattenersi meco, prolungarono la loro residenza in Roma per un mese venendo tutti i giorni a visitarmi. È superfluo il dire che adoperarono ogni mezzo per riavermi, carezze, lagrime, preghiere e promesse. A onta di tutto ciò io non mostrai mai la più lieve velleità di ritornare in famiglia; del che io stesso non so rendermi ragione, se non mirando alla forza soprannaturale della grazia. A questo proposito citerò un aneddoto, nel quale si rileva questa potenza della grazia. Avendo servito la Messa in Alatri al Canonico D. Vincenzo Sarra, nella cui casa mi trovavo, tornando in sacrestia col Sacerdote, repentinamente si presentarono i miei genitori sulla porta. Invece di gettarmi nelle loro braccia, come sarebbe stato ben naturale, io mi ritrassi assai sorpreso rifugiandomi sotto la pianeta del Sacerdote. Per questo fatto si irritò la popolazione di Alatri contro i miei genitori, per la qual cosa il Vescovo credette opportuno di trattenermi nel suo Palazzo per otto giorni, ed anche per evitare un ratto da parte dei miei genitori. Convinti questi dell'inutilità dei loro sforzi, credettero più prudente di ritornare a Bologna.

Il Sommo Pontefice Pio IX, come ho inteso dire, aveva l'intenzione di affidarmi ai RR.PP. Gesuiti, collocandomi nel Collegio dei nobili, ma, riflettendovi meglio, per non porger pretesti di polemiche alla stampa antipapale, mi collocò nel Collegio di S. Pietro in Vincolis sull'Esquilino, diretto dai Canonici Regolari Lateranensi. Io vi fui condotto dal Rettore Sarra l'8 dicembre 1858. Fui poi presentato a Sua Santità per le feste natalizie, come si fece poi sempre in appresso, essendo mio dovere di porgere i più figliali ringraziamenti al Pontefice per le strenne, che regolarmente mi mandava e per le tante e sì segnalate prove di paterna benevolenza. Ogni mese egli inviava un impiegato pontificio a versare la somma di trenta scudi per la mia pensione, Egli mi prodigava sempre le più paterne dimostrazioni di affetto, savii e utilissimi ammaestramenti, e benedicendomi teneramente ripeteva spesso, che gli avevo costato molte pene e lagrime. Incontrandomi a passeggio mi chiamava e come un buon papà si divertiva con me nascondendomi sotto il suo gran mantello rosso, e domandava poi scherzosamente dove era il ragazzo, e aprendo il mantello, mi mostrava agli astanti, dicendo: "Eccolo qua"».

Un caso internazionale

«Intanto nella stampa di tutta l'Europa e si potrebbe dire di tutto il mondo si menava gran chiasso sul ratto del fanciullo Mortara, che diventò celebre come quello delle Sabine. Nei pubblici ridotti, nelle locande, nei caffè di altro non si parlava, e perfino fu eseguita al Teatro reale di Parigi una tragedia col titolo *Le petit Mortara*. La Comunità Israelitica di Alessandria (Piemonte) fece appello a tutte le sinagoghe del mondo, ed organizzò una vera campagna contro il Papa e la Chiesa Romana, interpellando le potenze e supplicandole di intervenire e protestare diplomaticamente. Di fatto furono inviate proteste, insomma per sei mesi durò questa polemica violenta e appassionata nella quale si davano convegno tutti i nemici del Papato e della Chiesa Romana. Non mancarono però dei prodi nel campo Cattolico, che con eroico coraggio e con ammirabile costanza difesero il magnanimo Pio IX, che come diceva egli stesso in mezzo a quella furiosa tempesta, ad esempio del Divino Redentore tranquillamente dormiva: "*Ipse vero dormiebat*".

Vedendomi ai suoi sacri piedi in varie circostanze, particolarmente dopo il solenne *Te Deum* che ogni anno si cantava il 12 aprile nella Basilica di S. Agnese fuori le Mura, in azione di grazie per la miracolosa preservazione della sua vita in un grave pericolo, avendo io presentato a Sua Santità i sentimenti della mia figliale devozione in una composizione poetica, Pio IX ricordava il famoso incidente relativo a me in termini energici e commoventi: "Figlio mio – diceva – tu mi sei costato assai caro, e molto ho sofferto per tua cagione". Poi rivolgendosi agli astanti soggiungeva queste parole: "Grandi e piccoli mi vollero rapire questo bambino, accusandomi di essere un barbaro e uno spietato; essi rimpiangono i suoi genitori e non pensano che anch'io sono padre. Nessuno mi compatisce in mezzo alle dolorose prove, mentre in Russia mi si rapiscono violentemente tanti figli, i miei cari Polacchi"; e conchiudeva: "Quello che io feci per questo ragazzo, avevo il diritto e il dovere di farlo; e se occorresse lo farei di nuovo". Ricordo un saluto del Servo di Dio assai caratteristico. Al vedermi in ginocchio fra i miei compagni mi disse sorridendo: "Servidor suo, Mortara". E di vero che servizio segnalatissimi mi aveva reso colui che si chiama ufficialmente *Servus servorum Dei*».

Va notata, a questo punto dell'interessante deposizione giurata di Edgardo Mortara, l'accenno di Pio IX alla situazione dei polacchi. Lo storico gesuita Giacomo Martina, biografo di papa Mastai, scrive: «Mentre alcuni cattolici e quasi tutti i protestanti si stracciavano le vesti per la ferma volontà di Pio IX di educare nella religione cattolica chi vi era stato battezzato, nessuno protestava per l'aperta e violenta coazione nei territori polacchi soggetti alla Russia (ma anche in Inghilterra e nei paesi scandinavi) a danno della libertà religiosa dei cattolici». Se le conversioni forzate riguardavano i cattolici e avvenivano in altri paesi, nessuno si scandalizzava, nessuno alzava la voce. Questo non lo affermiamo certo – è giusto ripeterlo – per giustificare la sottrazione del piccolo Edgardo alla famiglia, ma soltanto per far comprendere come la vicenda sia stata ingigantita allo scopo di attaccare il papato, mentre in molte parti d'Europa si costringevano le persone a cambiar confessione religiosa senza che la cosa destasse indignazione né provocasse campagne di sensibilizzazione per provocare lo sdegno dell'opinione pubblica.

Pedinato dalla polizia di Sua Maestà

«(...) La paterna sollecitudine del Santo Padre – continua Mortara nella sua deposizione – si palesò sopra tutto ad occasione degli sconvolgimenti politici del 1870. Dopo l'entrata delle truppe Piemontesi a Roma in quei giorni di anarchia che precedettero la costituzione del nuovo governo, la ciurmaglia che la polizia era incapace di raffrenare, dopo aver strappato a viva forza dal Collegio degli Scolopi il neofito Coen si dirigeva a San Pietro in Vincoli per rapire anche me; il che poi provvidenzialmente non si effettuò. Pio IX, inquieto del mio avvenire, domandò più volte, se ero stato allontanato da Roma. All'essere poi informato della mia evasione, disse queste precise parole: "Ringraziamo il Signore, che il Mortara è partito". La benedizione di Pio IX mi accompagnò dappertutto. Anzitutto essa mi ottenne la forza e il coraggio per non cedere alle ingiunzioni e alle minacce delle autorità liberali, che volevano costringermi, ad onta dei voti religiosi, a tornare in famiglia, esposto al pericolo di diventare spergiuro e forse anche apostata. Difatti, il Signor Berti, Prefetto di Polizia, si recò a S. Pietro in Vincoli, facendomi rimostranze e sollecitandomi a dar soddisfazione alla opinione pubblica, irritata dalle esorbitanze del potere teocratico e a rientrare in famiglia. Dietro la mia osservazione, che non v'era luogo a soddisfazione di sorta, avendo io dato testé a mio padre presente a Roma tutte le prove del più tenero filiale affetto. "Come che sia, riprese il Prefetto, per il suo bene e per quello della sua Comunità, io l'esorto a tornare in famiglia". La polizia seguiva tutti i miei passi, e ogni sera si postavano delle guardie nelle adiacenze del Convento per impedire una fuga. Onde mettermi al coperto da queste vessazioni, mi fu consigliato, di rivolgermi a Sua Eccellenza il Generale Lamarmora, allora Luogotenente del Re Vittorio Emanuele a Roma. Domandata l'udienza che mi fu subito ottenuta, Sua Eccellenza mi ricevette nei termini più benevoli. Esposto a Sua Eccellenza il caso, egli mi disse: "Ma insomma, che cosa si vuole da lei?". "La polizia, risposi, vuole costringermi a tornare in famiglia". "Ma lei quanti anni ha?" mi domandò. "Diciannove, Eccellenza". "Dunque lei, soggiunse, è libero. Faccia quel che vuole". "Ma Eccellenza, sono minacciato di rappresaglie". "In questo caso lei si rivolga a me e io la proteggerò"».

I superiori di Mortara decidono allora di trasferirlo all'estero, in Belgio.

«(...) Intanto la stampa liberale si scatenava contro i Clericali e specialmente contro i Gesuiti, accusandoli di avermi suggestionato col loro fanatismo papalino e d'aver così provocato una evasione, che risultava uno sfregio per la mia famiglia. Per ribattere queste infondate accuse scrissi una protesta, che fu pubblicata dal cattolico "Journal de Bruxelles" e riprodotta da altri giornali cattolici e liberali. Si sparse così la voce del mio supposto domicilio a Bruxelles, mentre io mi dedicavo tranquillamente agli studi Teologici nel Seminario Vescovile di Brixen. Il Sommo Pontefice degnandosi di non dimenticare il suo figlio adottivo, mi mandò più volte la sua benedizione a mezzo il Generale dell'Ordine in riscontro ai miei indirizzi di felicitazioni ed auguri. Si vorrà sapere quali furono i miei rapporti con i genitori dopo la loro partenza da Alatri. Io non ebbi più notizie di loro. Scrissi bensì più volte delle lettere parenetiche, trattando di religione e adoperandomi di convincerli della verità della Fede Cattolica. Si capisce che tali lettere, quantunque fossero espressione della mia convinzione personale assai viva, non potevano essere opera esclusivamente mia, e per questo restavano senza risposta. Solo nel maggio 1867, essendo Novizio, ricevetti la prima lettera dei miei genitori, nella quale, dopo avermi assicurato della loro immancabile affezione, notavano, che se finora non avevano risposto alle mie lettere, egli era perché di mio non avevano che il nome e la firma, ma che ormai si lusingavano potere io corrispondere con loro senza controllo. La prima volta che rividi mio padre fu a Roma ai primi di ottobre 1870. Affettuosissimo fu il primo incontro; si rinnovarono le visite a S. Pietro in Vinculis nei termini più espansivi e, al prender congedo, prima del suo ritorno a Firenze, allora Capitale del Regno, accettò volentieri dei ricordi e regali per i miei fratelli.

(...) Riguardo alle relazioni di Pio IX coi governi, quello, che posso dire è, che Pio IX, resosi pubblico il fatto della mia separazione dalla famiglia, si trovò involto in gravissime complicazioni diplomatiche e officiali con la Francia (consultare le *Mélanges* di Luigi Veuillot, dalle quali io stesso l'ho appreso). In conferma di quanto dico posso addurre le parole che raccolsi dalle labbra stesse del Generale Latour, membro dello Stato Maggiore di Napoleone III: "Come si esprimeva l'imperatore riferendosi al mio caso?" gli domandai. Egli rispose: "Ma come! Io mantengo i miei soldati a Roma e lui mi fa tali *bêtises*". Come si esprimeva il celebre polemista Veuillot, alludendo alle dette complicazioni: "Il fatto del piccolo Mortara fu come una palla di legno lanciata per far dello strepito e un pretesto poco onesto per accelerare lo svolgimento della questione romana". E difatti il sillogismo era ovvio. Il fatto Mortara non sarebbe avvenuto senza il potere temporale: dunque bisogna sopprimere quest'ultimo. Il che bene era noto al Pontefice e risultava dalle rimostranze poco rispettose e dalle minacce che riceveva, ad onta delle quali egli si manteneva fermo e costante, ripetendo all'occasione quel sublime "*non possumus*", di fronte al quale cedono tutte le forze umane. Insomma il dilemma era questo: "O si restituisce il fanciullo o noi non rispondiamo della sicurezza del Papa nei suoi Stati". So, che una volta, esclamò, che neppure tutte le baionette del mondo l'obbligherebbero a restituire il fanciullo.

Null'altro ho da aggiungere, togliere o mutare alla fatta deposizione. Soltanto aggiungerò quel che segue. Sono intimamente convinto non solo per la deposizione, che ho fatto, ma per tutto l'insieme della vita del mio augusto Protettore e Padre, che il Servo di Dio era un Santo; ed ho la convinzione quasi istintiva, che un giorno sarà elevato all'onore degli altari».

Inquisitore processato e assolto

Un ulteriore importante tassello per ricostruire il caso Mortara è rappresentato dal processo che viene celebrato a Bologna nel 1860, dopo la caduta del dominio pontificio sulla città. «Un processo venne iniziato – scrive Raffaele De Cesare – contro il padre Pier Gaetano Feletti dell'ordine dei Predicatori, il quale fu tratto in arresto il 2 gennaio 1860, sotto l'imputazione di essere stato l'autore morale del rapimento. Egli non lo smentì, anzi lo giustificò per dovere di carica»[8].

Si legge nella sentenza, datata 16 aprile 1860: «Dopo la caduta del regime clericale in queste provincie, ha dato luogo ad un reclamo dell'avolo paterno Samuel Levi Mortara di Reggio all'attual governo per ottenere la restituzione del rapito nipote, e così al 2 di gennaio p. p. ne avvenne l'arresto del dicontro inquisito padre domenicano Pier Gaetano Feletti, ed un processo a suo carico, e de' suoi complici, nel quale il detto padre figura reo di avere, nella veste di inquisitore del Sant'Uffizio, ordinato il ratto del fanciullo, e il tenente colonnello De Dominicis come quello che gli fu compagno a dar vita al progetto del rapimento ed a studiarne i mezzi di sicura riescita commettendone l'esecuzione al Lucidi e all'Agostini...»[9].

Così nella relazione giudiziaria annessa alla sentenza, viene descritta la deposizione di padre Feletti. «Il medesimo ai costituti abbandonò l'ostinato silenzio cui erasi appigliato nello interrogatorio stragiudiziale subito all'atto dell'arresto, e sebbene allora si dichiarasse vincolato a solenne giuramento di non prestarsi a rispondere sopra cose concernenti il Sant'Uffizio, pure, giudizialmente interpellato sul ratto del fanciullo Mortara, dedotta preliminarmente l'eccezione del privilegio del foro per non incorrere nelle censure ecclesiastiche, dichiarò che, trattandosi di un fatto pubblico, poteva dirne quello che già era notizia di molti, e ne diede tutti i possibili dettagli, ammettendo di avere egli stesso ordinata la separazione del fanciullo dalla famiglia, e la sua traduzione nel collegio de' Catecumeni a Roma, mediante analoga lette-

[8] De Cesare, *Roma e lo Stato del Papa*, cit., p. 255.
[9] Il testo della sentenza è riportato integralmente *ivi*, pp. 255-263.

ra diretta al colonnello De Dominicis (...). Nel dettagliare però il doloroso fatto, lo rivestì con più miti colori, e sostenendo che gli ordini dati furono di procedere con ogni moderazione, di persuadere la madre alla cessione spontanea del figlio con divieto di usare menoma violenza, volle far credere che la cosa con tutta calma avea avuto il suo effetto, essendoché nelle ore pomeridiane del 24 giugno, presentatogli il padre, combinò seco lui che alla sera si sarebbe consegnato il bambino ai gendarmi, inducendo intanto alla moglie il distacco. Difatti con tutta tranquillità la madre aveva lasciato il fanciullo, si era ritirata in altra camera, ed il ragazzo senza alcuno strepito era stato messo in carrozza da un ebreo e tradotto a Roma.

Cotali pretese – si legge ancora nella relazione annessa alla sentenza – rimangono smentite da tutti i testimoni presenti al fatto, e d'altronde il P. Feletti dichiara di parlarne per altrui referto. Eccepì pure nel fatto egli non aveva eseguito che gli ordini abbasatigli dal supremo Tribunale del Sant'Uffizio in Roma, che, a suo dire, non emana mai alcun decreto senza il consenso del Sommo Pontefice[10], ed esternò quindi alta sorpresa nel sentirglisi imputato a delitto il detto fatto accaduto da due anni, ed ordinato dal governo che in allora aveva la direzione di queste province. Il non avere l'inquisito saputo o voluto giustificare la premessa eccezione esibendo il dispaccio che nella ipotesi gli dovette essere trasmesso da Roma, o producendone altra legittima prova (...)».

I giudici esaminano poi i dettagli del caso e sostengono che l'inquisitore non aveva potuto provare l'avvenuto battesimo. Così si conclude la sentenza: «Il Tribunale, rispondendo alle questioni proposte dal suo capo, invocato il santissimo nome di Dio: Dichiara constare che nella sera del 24 giugno 1858 fu, mediante pubblica forza, tolto ai coniu-

10 In effetti allora il Papa era pure Prefetto del Sant'Uffizio e lo sarà ancora per un secolo.

gi israeliti Salomone alias Mamolo Mortara e Marianna Padovani, Edgardo loro figlio, e che l'ablazione fu fatta di Principe.

Che non era quindi, e non è luogo a procedere criminalmente contro gli esecutori dell'ablazione suddetta, e perciò contro il prevenuto padre reverendo Gaetano Feletti dell'ordine dei Predicatori, già inquisitore del Santo Officio in Bologna, quale, in conseguenza ordina che venga liberamente dimesso dal carcere. Il presidente è incaricato della redazione della presente sentenza.

C. Ferrari, presidente
D. E. Fanti, giudice - *R. Marchesini*, id.
C. Mazzolani, id. - *D. Masi*, id. - *A. Baratta*, id.».

Viene dunque dichiarato il non luogo a procedere contro l'inquisitore. La sottrazione del bambino alla famiglia era stata fatta per ordine della Santa Sede e in base alle leggi vigenti all'epoca nello Stato pontificio. Lo stesso Raffaele De Cesare, giornalista liberale, riconoscerà che l'educazione data a Roma al piccolo Edgardo «non fu diretta a modificare i suoi affetti di famiglia».

Più volte, anche in occasione delle recenti polemiche sulle restituzione dei bambini scampati all'Olocausto alle organizzazioni ebraiche, è stato citato il caso Mortara ed è stato scritto che il piccolo sarebbe stato rapito per essere portato a Roma e qui battezzato[11]. Questo fraintendimento (che è difficile non considerare voluto, quando a riproporlo sono studiosi che il caso conoscono assai bene) è stato ingenerato dal fatto che, come abbiamo visto, una volta portato nella capitale Edgardo venne nuovamente battezzato *sub condicione*, come si usa fare quando le circostanze del primo battesimo non sono chiare. Dunque non è affatto vero che il

[11] Ha scritto ad esempio il Minerbi: «Già nel 1858 un bimbo ebreo Mortara, fu rapito alla famiglia a Bologna e battezzato per farlo divenire un prete». SERGIO MINERBI, *Io, bimbo ebreo salvato nel collegio cattolico*, in «Il Giornale», 6 gennaio 2005, p. 24.

bambino venne rapito per essere battezzato, ma venne portato via alla famiglia proprio perché era stato illecitamente battezzato da una cameriera cristiana che secondo la legge in vigore nello stato pontificio non doveva trovarsi al servizio di quella famiglia.

Precedenti discussi

Cento anni dopo quel potere temporale, la cui caduta sarà definita provvidenziale dal cardinale Giovanni Battista Montini in Campidoglio, alla vigilia dell'inizio del concilio ecumenico Vaticano II non esiste più. La dottrina sul battesimo è rimasta la stessa, ma la sensibilità ecclesiale è certamente diversa. C'è stata la guerra, c'è stato lo sterminio degli ebrei. La dottrina sul battesimo non è cambiata ma la situazione sì, e in modo radicale. Questo risulterà piuttosto evidente dalla descrizione di alcuni casi concreti che stiamo per affrontare.

Ma prima è giusto chiedersi: sulla base di quali precedenti gli «eminentissimi cardinali» della «Suprema S. Congregazione del Sant'Offizio» emisero quel parere approvato da Pio XII e trasmesso da monsignor Tardini al nunzio Angelo Roncalli? Su quali basi i membri della «Suprema» (che all'epoca erano i porporati Francesco Marchetti Selvaggiani, Carlo Raffaello Rossi, Pietro Fumasoni Biondi, Domenico Jorio, Giuseppe Pizzardo e Nicola Canali) presero quella decisione?

Investito del problema dal Papa, come abbiamo già riferito nel capitolo precedente, il Sant'Uffizio discute sulla richiesta del rabbino capo Herzog. Nella missiva l'autorità religiosa ebraica non affermava esplicitamente che i bambini richiesti avessero ricevuto il battesimo, mentre traspariva con tutta evidenza che i piccoli scampati all'Olocausto e ora richiesti dalle organizzazioni ebraiche, erano quelli rimasti orfani dei genitori.

Sarebbe interessante vedere se le vicende pregresse prese in esame dai cardinali abbiano riguardato casi di bambini battezzati.

I precedenti che potrebbero esser stati presi in esame dalla «Suprema» non sono molti. Il primo caso è datato 21 febbraio 1842. In quella data il rettore della Casa dei Catecumeni[12] di Urbino esponeva il caso di Angelo Fiorentini, un ebreo desideroso di farsi cristiano insieme alla moglie. Fiorentini si era ritirato in un convento della città, ma la moglie era scomparsa, lasciando una bambina di pochi mesi, la quale, in accordo con gli stessi genitori, era stata battezzata perché in pericolo di vita. Questo il dubbio sottoposto ai membri del Sant'Uffizio: la piccola «apparteneva» alla Casa dei Catecumeni, oppure ai genitori considerati come cristiani per il «Battesimo di desiderio» e per la loro spontanea richiesta di somministrarle il sacramento dell'iniziazione cristiana? Un mese dopo il parere dei teologi: la bambina per il momento appartiene alla Casa dei Catecumeni[13].

Un secondo precedente forse utile per la discussione risale al 1845, quando a Reggio Emilia una donna cattolica, tale Caterina Ghiacci, a servizio della famiglia ebrea di Adamo Maroni, «di propria iniziativa, per affetto verso la bambina» di 19 mesi, Pamela, aveva battezzato la piccola di nascosto. La domestica, lasciato il servizio, aveva denunciato lei stes-

[12] Fin dai tempi di Paolo III (Papa dal 1534 al 1549) erano stati fondati in molte città dello stato pontificio appositi istituti, chiamati Casa dei Catecumeni, nei quali venivano alloggiati e istruiti i non cristiani in via di conversione. I catecumeni erano soggetti ad una giurisdizione speciale e quanti di loro rifiutavano la conversione erano soggetti ad una sanzione pecuniaria che doveva in qualche modo rimborsare le spese sostenute dalla struttura ecclesiastica durante la loro permanenza.

[13] Talvolta la conversione era l'unico modo per sfuggire alla miseria in cui versava la comunità ebraica, specialmente quella romana. Ha scritto Léon Poliakov: «Tutti sanno che gli Ebrei versano nella più grande miseria a Roma. E questa loro miseria confina immediatamente da un lato con la conversione, e dall'altro con la morte». LÉON POLIAKOV, *Storia dell'antisemitismo*, vol. II: *Da Maometto ai Marrani*, La Nuova Italia, Firenze 1974.

sa il caso all'autorità ecclesiastica, che aveva ordinato di togliere la bambina dal ghetto e di affidarla alla Casa dei Catecumeni. I genitori di Pamela avevano protestato e chiesto di riottenere la loro bambina sostenendo che il battesimo in realtà non esisteva. Si erano appellati anche a Roma, ma il Sant'Uffizio, con un decreto datato 26 novembre 1845 aveva stabilito che il vescovo di Reggio aveva fatto bene ad agire in quel modo.

Un problema ben diverso da quelli appena citati si presenta nel 1907, quando la Curia vescovile di Mantova pone alla «Suprema» il seguente dubbio: «Se segretamente possano essere battezzati da una pia donna i figli dei socialisti, anche contro la volontà dei genitori»[14]. La risposta arriva il 24 luglio di quell'anno, quando i cardinali del Sant'Uffizio si riuniscono e decidono che è possibile somministrare il sacramento «in caso di pericolo di morte» e «al di fuori di questo pericolo nel caso in cui in qualche modo si possa sperare nella loro educazione cattolica», al di fuori di questi casi il sacramento non va dato (*«In mortis periculo; extra mortis periculum quando aliqualiter sperari possit eorum educatio catholica, affirmative; secus non expedire»*).

Altro precedente è quello riguardante la domanda espressa nel 1928 dal vicario apostolico del Delta del Nilo, il quale pone il seguente quesito: «Se sia possibile ammettere al Battesimo minorenni contro la volontà dei loro genitori infedeli». I cardinali sono abbastanza favorevoli nel caso i battezzandi siano nel pieno possesso dell'uso della ragione, come previsto dal canone n. 745 (Codice di Diritto canonico del 1917). Ma papa Pio XI decide di soprassedere, senza prendere una decisione in merito alla richiesta.

Non possiamo escludere che i membri del Sant'Uffizio abbiano potuto formulare il loro parere sulla base di questi episodi. Non ci soffermiamo oltre sul punto, avendo già parlato dell'ormai famoso dispaccio di monsignor Tardini, da

14 *«An secreto baptizari possint, invitis parentibus, infantes socialistarum»*.

noi recuperato e reso noto, che riporta letteralmente (o come scrisse Tardini, «a parola») il parere della «Suprema»[15].

In tale parere del 27 marzo 1946, approvato da Pio XII il giorno dopo, il Sant'Uffizio riaffermò espressamente il principio *standum sacris canonibus*; vale a dire che nel caso in cui i bambini avessero genitori o parenti, ci si doveva comportare secondo quanto stabilito dal Codice di Diritto canonico. I bambini non dovevano essere battezzati contro la volontà dei genitori se non in pericolo di morte e nel caso lo fossero stati andava garantita loro un'educazione cattolica. Questa era la dottrina comune all'epoca, cui il Sant'Uffizio era vincolato come supremo organo dottrinale della Chiesa. Ma è significativo che proprio il principio *standum sacris canonibus* non venga riportato nel dispaccio di Tardini, che invece si chiude, come abbiamo visto nel capitolo precedente, con l'espressione «altra cosa sarebbe se i bambini fossero richiesti dai parenti». Un indizio di quel «doppio binario» che attestava la compresenza, accanto al rigore dottrinale, anche di un realismo politico e della volontà di risolvere i casi con il buon senso.

Pio XII, decisione in ventiquattr'ore

Un esempio particolarmente significativo di quanto e di come fossero cambiati i tempi rispetto al caso Mortara lo possiamo trovare in un episodio inedito dell'immediato dopoguerra che vede coinvolto direttamente papa Pacelli[16].

Nel 1944 una donna ebrea, con i suoi due bambini di due e sei anni, viene accolta nell'istituto delle Francescane Missionarie di Maria in via della Balduina. Aveva implorato un

15 ANDREA TORNIELLI, *Pio XII e i bambini ebrei. Ecco il vero documento*, in «Il Giornale», 11 gennaio 2005, p.1.

16 Il caso è stato da noi citato in *E Pacelli ordinò: «Restituite quei fratellini alla madre»*, «Il Giornale» il 13 gennaio 2005, p. 29.

rifugio per sé e per i bambini, ed era stata accolta com'era accaduto proprio in quel periodo a oltre quattromila ebrei ospitati da conventi o istituzioni cattoliche[17]. Dopo qualche tempo la madre chiede per sé e per i piccoli il battesimo e la sua richiesta viene esaudita. Va notato: nessuna imposizione, nessun «suggerimento». È lei a chiedere liberamente il sacramento, che viene amministrato a lei e ai figli nella chiesa di Santa Maria delle Grazie. Un anno dopo, quando Roma è ormai liberata, la donna abbandona la casa delle religiose, lasciando però affidati alle loro cure i bambini. Successivamente decide di rientrare in seno all'ebraismo. E si ripresenta alla porta dell'istituto di via della Balduina alla fine di ottobre 1947, accompagnata dai rappresentanti di un orfanotrofio ebraico con l'intenzione di riprendersi i figli. Evidentemente la donna si è pentita del gesto, non vuole più saperne del cristianesimo, forse quella richiesta del battesimo è stata dettata dalla paura delle retate naziste e non da un vero convincimento.

Le suore francescane non rispondono subito, non sanno che fare, prendono tempo, e innanzitutto consultano i superiori. Del caso viene investito per competenza il vicariato di Roma che a sua volta prepara un «promemoria» datato 5 novembre 1947, che trasmette la richiesta alla Segreteria di Stato. La risposta vaticana è immediata: nel giro di venti-

17 «A Roma, nel Museo della Liberazione di via Tasso, sorto nel luogo dove la *Gestapo* durante l'occupazione torturava gli oppositori del regime, c'è un interessante elenco appeso al muro della cella numero 10. È la lista delle 155 case religiose e collegi che nella sola capitale hanno dato segretamente ospitalità a 4.447 cittadini Ebrei, salvandoli dalla folle ira dei nazisti. Di essi, 680 avevano trovato alloggio nei locali di chiese e conventi per alcuni giorni, prima di fuggire o trovare sistemazioni più sicure, mentre altri 3.700 erano rimasti per molti mesi presso 100 congregazioni religiose femminili e 55 parrocchie, istituti, case, ospizi. I soli francescani di San Bartolomeo all'Isola Tiberina ne ospitarono 400». ANDREA TORNIELLI, *Pio XII. Il Papa degli Ebrei*, Piemme, Casale Monferrato 2001, p. 243. Cfr. anche ANDREA RICCARDI, *La Chiesa a Roma durante la Resistenza: l'ospitalità negli ambienti ecclesiastici*, in «Quaderni della Resistenza laziale», 1977, p. 87-150; ANTONIO GASPARI, *Nascosti in convento*, Ancora Editrice, Milano 1999; ID., *Ebrei salvati da Pio XII*, Edizioni Logos, Roma 2001; ENZO FORCELLA, *La resistenza in convento*, Einaudi, Torino 1999.

quattr'ore viene fissata un'udienza con il Papa per affrontare questo caso specifico. Non un battesimo in qualche modo «forzato» o amministrato contro le direttive della Chiesa, come accaduto in qualche sporadico caso in Francia, ma un battesimo richiesto esplicitamente dalla donna per sé e per i suoi figli, dopo essere stata accolta in un convento cattolico. Come risponde Pio XII? Che cosa decide il Papa sul cui presunto «antisemitismo» sono state costruite pagine e pagine di polemiche? Decide di mantenere i bimbi nel convento all'interno del quale avevano trovato salvezza oppure di riconsegnarli alla mamma «pentita»? Pacelli ordina di far restituire immediatamente i figli alla donna ebrea, seppur accompagnando questa sua decisione con un rimprovero perché la madre non si è comportata lealmente. La decisione papale viene presa il giorno 6 novembre. Pio XII non contesta in alcun modo il diritto della donna di ottenere la tutela dei figli, ma soltanto il diritto di «turbare» la loro «coscienza», dopo che sono stati iniziati alla fede cristiana liberamente chiesta per loro dalla madre nel 1944. In ogni caso, e soltanto questo importa, i due piccoli vengono subito riconsegnati e per decisione della massima autorità.

Certo, a motivare la repentina decisione papale possono aver contribuito anche le cause di forza maggiore rappresentate dal fatto che alla madre spettava comunque la tutela giuridica dei figli e che questa si era presentata a richiederli accompagnata dai rappresentanti dell'orfanotrofio ebraico. Ma è comunque un caso molto significativo. È l'unica vicenda in qualche modo contestata che si registra in Italia, e che si risolve positivamente nel giro di pochi giorni. La dottrina, come abbiamo ripetuto più volte in queste pagine, non è cambiata. È cambiato il contesto storico e nelle scelte concrete, oltre al Codice di Diritto canonico, entrano in gioco anche altre considerazioni. Se è vero che Pio XII approva (poteva fare altrimenti?) la dottrina ribadita dal Sant'Uffizio, approva anche, quale responsabile ultimo della Segreteria di

Stato[18], la linea più morbida e realista incarnata dai suoi più stretti collaboratori quali Domenico Tardini e Giovanni Battista Montini.

Il racconto di Minerbi

Abbiamo detto che il caso dell'immediata restituzione dei due bambini alla madre ebrea – battezzata insieme ai figli per sua libera volontà e poi pentita – è l'unico caso eclatante (anche se non reso di pubblico dominio) accaduto in Italia. In Francia, è ormai noto, vi furono casi di battesimi somministrati con leggerezza ai bambini ebrei, ma si tratta sempre e comunque di episodi sporadici, perché oltralpe, come nel nostro paese, le direttive dell'autorità ecclesiastica non erano certamente quelle di iniziare alla fede cristiana con il battesimo questi piccoli figli degli israeliti perseguitati. Accanto agli episodi contestati e discussi – due dei quali, quelli più noti, descriveremo nel capitolo successivo – c'è una vasta casistica di storie conclusesi diversamente. Una di queste è stata raccontata, proprio nei giorni in cui divampava la polemica sul documento del Sant'Uffizio sulla restituzione dei bambini

18 È noto che papa Pacelli, dopo la morte del cardinale Maglione avvenuta nel 1944, fino alla fine del pontificato non nominerà mai più un Segretario di Stato, servendosi dei due sostituti, poi divenuti «pro-segretari» di Stato, Tardini e Montini. Molti criticano Pio XII per essere stato un Papa troppo accentratore, ma sono pronti a «dimenticare» questa sua caratteristica quando vengono prese in esame decisioni della Segreteria di Stato favorevoli agli ebrei o nel caso degli aiuti ai perseguitati ai quali vennero aperte le porte dei conventi. Per autori di un certo orientamento (cfr. ad esempio i libri di Susan Zuccotti e di John Cornwell) Pacelli è un assolutista a singhiozzo: dirige, controlla, ordina tutto nei casi delle decisioni più contestate (quella della nota del Sant'Uffizio sulla restituzione dei bambini ebrei è una di queste), mentre ignora, non sa o non interviene nel merito delle decisioni dalle quali traspare l'attività in favore degli ebrei. Ci sono studiosi (li abbiamo definiti «ipologeti» nel primo capitolo del presente libro) secondo i quali «il Papa non poteva non sapere», quando devono dimostrare una sua presunta colpevolezza; per questi stessi studiosi, al contempo, Pio XII sarebbe stato all'oscuro di molte attività messe in atto dalla Santa Sede, dai nunzi apostolici e dai vescovi in favore degli ebrei. Un pizzico di coerenza in più forse non guasterebbe.

ebrei, da Sergio Minerbi, già ambasciatore di Israele a Bruxelles e autore di saggi sulla storia degli ebrei in Italia:

> La questione dei bambini ebrei trattenuti nei conventi cattolici – racconta Minerbi –, non mi è nuova. Subito dopo il 16 ottobre 1943, quando i nazisti deportarono ad Auschwitz più di mille ebrei romani, mia madre decise di chiedere asilo per me al San Leone Magno, un collegio diretto dai Fratelli Maristi, in Via Montebello a Roma. Il Preside era don Alessandro Di Pietro che ha detto recentemente di aver accolto, nel 1943, 24 bambini ebrei e una dozzina di adulti antifascisti oltre ai 900 convittori. Don Alessandro non esitò e mi accettò subito. Nel 2002 ho ottenuto per lui da Yad Vashem, l'Istituto per la storia della Shoah a Gerusalemme, il diploma di "giusto fra i popoli". Sono convinto che la grande disponibilità derivava dal suo essere italiano e non dall'intenzione di battezzarmi. Gli chiesi cinquanta anni dopo se avesse ricevuto istruzioni da Pio XII che incontrava come Procuratore dei Maristi. «No, rispose subito, ma potevo trarre ispirazione da ciò che faceva il Vaticano». Nello stesso collegio ci furono atteggiamenti diversi. Fratello Leone, mio professore di Italiano e di Latino, tentò di convertirmi dandomi una lezione particolare tutti i mercoledì, e facendomi leggere dei grossi libri intitolati *Come raggiungere la fede attraverso la ragione*. Io tenevo duro e aspettavo che arrivassero gli Americani. Invece Gustavo Krè anch'egli ebreo e nella stessa camerata, si vide restituire i tefillin[19] alla liberazione, perché potesse riprendere a pregare in ebraico[20].

All'indomani della liberazione arrivarono al seguito dell'esercito britannico anche i soldati palestinesi, ossia i volontari ebrei. Alcuni di loro andarono subito a ricercare i bambini rimasti orfani e custoditi nei monasteri e talvolta riuscivano a reperirli e a portarli all'orfanotrofio ebraico. A Firenze agì nello stesso senso il soldato Eliahu Lowiski del Kibbutz *Beit Alfa*. Egli trovò resistenza proprio da parte dei bambini che

[19] I Tefillin sono due astucci di cuoio nero, contenenti delle pergamene su cui sono scritti dei passi biblici: Es 13, 1-10 / Es 13, 11-16 / Dt 6, 4-9 e 11 / Dt 6, 13-21 che vengono posti sulla fronte e sul braccio sinistro all'altezza del cuore e fissati tramite delle cinghiette anch'esse di cuoio nero. I Tefillin vengono indossati per la preghiera del mattino nei giorni feriali e il loro uso è molto antico, tanto che ne sono stati ritrovati anche a Qumran.

[20] MINERBI, *Io, bimbo ebreo...*, cit.

volevano rimanere cristiani e talvolta andavano dalla scuola ebraica direttamente in chiesa. Tra gli altri egli salvò Emanuele Pacifici, oggi residente a Roma.

Questa era la realtà, nella stragrande maggioranza dei casi. Ci permettiamo di far notare che nelle recenti polemiche si è sentita la mancanza di una (magari sommessa) parola di gratitudine per il fatto che questi bambini, scampati all'Olocausto perché rifugiati presso istituti cattolici, erano stati nascosti da sacerdoti, religiosi e religiose che non esitavano a mettere a repentaglio la loro vita pur di essere fedeli all'insegnamento evangelico.

Le «missioni» di Segre

Un'altra testimonianza significativa di ciò che è accaduto nell'immediato dopoguerra con i bambini ebrei affidati dai loro parenti alle istituzioni religiose è stata resa dal protagonista di una «missione» di recupero, R.A. Segre, editorialista del quotidiano «Il Giornale».

> Il dibattito sulle istruzioni del Vaticano alle autorità ecclesiastiche di non restituire alle famiglie i bambini ebrei affidati alle cure dei monasteri durante la persecuzione razziale in Italia, hanno riportato alla mia memoria frammenti di «piccola storia» connessi con questa tragedia in cui sono stato coinvolto sessant'anni fa, quando arrivai a Torino nel maggio del 1945 come membro dell'Ufficio di collegamento alleato coi servizi di intelligence militare italiani. Ero alloggiato in uno dei grandi palazzi del corso che allora si chiamava Duca di Genova ed è diventato poi corso Stati Uniti. Fu in occasione di una patetica cerimonia a cui avevo partecipato per la riapertura della comunità ebraica appena rinata dalle macerie della sinagoga bombardata, che presi contatti con i «gruppi di ricerca» della Brigata ebraica. La Brigata era stazionata lontana da Torino, a Tarvisio, dove controllava tre valichi – Italia, Austria, Jugoslavia – attraverso i quali passavano turbe di reduci e sfollati. La Brigata operava però in tutto il Nord Italia, grazie alle sue compagnie di trasporto automobilistico che fornivano aiuti materiali ai campi profughi. Riportavano quelli che potevano alle loro famiglie

o li trasportavano in centri di partenza clandestina (clandestina per gli inglesi, ma non per gli italiani che collaboravano a questi traffici) per la Palestina. Pattuglie di due uomini su una jeep perlustravano le campagne in cerca di ebrei sopravvissuti e di bambini affidati dai genitori ai conventi. Una di queste pattuglie venne al mio ufficio con una lista di località di «interesse ebraico» che non aveva avuto tempo di visitare, chiedendomi di occuparmene[21].

Una missione aveva come meta una località del Canavese:

Ho dimenticato il nome del paese, ma ricordo che mi presentai al priore del convento e gli chiesi se avesse ospitato ebrei e se ci fossero ancora dei loro ragazzi in sua custodia. Mi disse che se n'erano andati tutti via. C'era rimasto solo un orfano di circa 10 anni che si era molto attaccato alla chiesa. Gli chiesi se fosse disposto ad affidarmelo su richiesta di uno zio di cui feci il nome. Soppesò per un lungo momento la mia richiesta – dopotutto non avevo con me alcun documento che la comprovasse – e assentì. Mi chiese se avessi qualcosa in contrario al fatto che prima di andarsene il ragazzo passasse con lui in chiesa a pregare. Li vidi entrambi inginocchiati di fronte all'altare e poi venire verso di me tenendosi per mano. «Questo signore è venuto per riportati a casa – disse il prete accarezzando più volte la testa del ragazzino che mi guardava inebetito. Vai con lui, ma non dimenticarti di me e di pregare». Entrambi avevano gli occhi lucidi ma non piangevano. Ci fu un'altra riconsegna da un istituto religioso del Vercellese e una terza nella zona di Biella. Questa volta però i religiosi sapevano che prima o poi i ragazzi che avevano in custodia se ne sarebbero andati. Tre casi non fanno una prova, ma se istruzioni precise da parte della gerarchia cattolica c'erano di non restituire i ragazzi ebrei alle loro famiglie, posso solo pensare che per tre volte mi imbattei in casi di disobbedienza.

Tre casi di disobbedienza, azzarda Segre. Non è forse più semplice ipotizzare che in realtà non vi fossero affatto «istruzioni» romane così precise e così cogenti che impedivano di riconsegnare i bambini, anche se a richiederli erano le istituzioni ebraiche? Colpisce, nelle parole di questo testimone diretto, nonché protagonista di tre distinte «missioni» di

[21] R.A. Segre, *Così riportai a casa i bimbi rifugiati nei conventi italiani*, in «Il Giornale», 13 gennaio 2005, p. 29.

recupero, il racconto di quell'orfano che viene consegnato nelle sue mani senza che il richiedente abbia presentato neanche un documento, essendosi limitato a fare soltanto il nome di uno zio del ragazzo rifugiato. È probabile che l'istituto religioso del quale parla Segre sia stato gestito dai salesiani, come conferma don Francesco Motto, direttore dell'Istituto storico salesiano e autore di una documentata ricerca in più volumi sull'attività svolta dai suoi confratelli in favore dei perseguitati durante la seconda guerra mondiale[22]. «Fra i cento ebrei nascosti a Roma dai salesiani tra il 1943 e il 1945», afferma don Motto, «e fra qualche altra decina di nascosti altrove – almeno venti in Piemonte – non si trova né alcun battesimo, tanto meno "forzato", né alcun "sequestro". Tutti vennero restituiti, compresi i ragazzi dell'orfanotrofio ebraico di Roma e Torino. A parte qualcuno che si fermò a continuare gli studi presso i salesiani di propria volontà».

Questa è stata la prassi seguita nella stragrande maggioranza dei casi da parte degli istituti cattolici, all'interno delle cui mura molti bambini ebrei hanno trovato scampo. Ci possono essere stati inviti, tentativi di convincere i più grandi di loro ad avvicinarsi alla fede cristiana, ma non si sono registrati casi di indottrinamento forzato, di costrizione ad abbracciare il cristianesimo. Era doveroso descrivere, anche soltanto per sommi capi, alcuni di questi esempi corroborati dalla parola dei testimoni diretti, al fine di ricondurre la dolorosa vicenda alle sue reali dimensioni. E soprattutto per tentare di evitare che un documento – come la nota redatta alla nunziatura di Parigi sulla base delle istruzioni vaticane (ma con una significativa aggiunta che nel dispaccio Tardini non era contenuta) – venga utilizzato come «prova» del fatto che non tanto Pio XII, quanto la Chiesa cattolica, mentre il popolo ebraico era sottoposto alla più atroce delle sofferenze, si dedicasse a «rapire» i piccoli israeliti obbligandoli al battesimo.

22 FRANCESCO MOTTO, *Non abbiamo fatto che il nostro dovere. Salesiani di Roma e del Lazio durante l'occupazione tedesca (1943-1944)*, Edizioni Las, Roma 2000.

Capitolo IV

IL CASO FINALY E L'ODISSEA DI WLADIMIR ZANDT

Un rapido esame dell'«affare Finaly» – il caso più noto e clamoroso di bambini ebrei salvati in un istituto cattolico e successivamente battezzati dalla loro tutrice quando era già stata avanzata la richiesta da parte delle zie di ottenerne l'affidamento – dimostra una volta di più la complessità del problema che abbiamo affrontato in queste pagine, a partire dalla pubblicazione della nota della nunziatura francese e delle istruzioni del Sant'Uffizio sul comportamento da tenere circa la restituzione dei bambini alle organizzazioni ebraiche, che li richiedevano, contenute nel dispaccio di Tardini. E soprattutto dimostra come sia semplicistico, nell'affrontare gli esempi concreti, ridurre la questione a una contrapposizione fra la comunità ebraica e la Chiesa cattolica: in questa come in altre vicende, infatti, entrano in gioco le legislazioni nazionali e i sentimenti delle persone che si sono prese cura dei bambini, ma anche la politica e persino il separatismo basco. Al caso Finaly, oltre a due importanti libri[1], è stato recentemente dedicato un numero quasi monografico di «Archives Juives» (n. 37/2, 2° semestre 2004), la rivista di storia degli ebrei di Francia. Nell'editoriale, André Kaspi non manca di porsi domande coraggiose: «È moralmente legittimo – si chiede – sottrarre

[1] JACOB KAPLAN, *L'Affaire Finaly*, Cerf, Paris 1993; GERMAINE RIBIÈRE, *L'Affaire Finaly. Ce que j'ai vécu*, CDJC, Paris 1993.

alla famiglia che li ha accolti bambini che hanno perduto i loro genitori e affidarli a parenti che non li conoscono?», e sottolinea come il fattore regionalista spagnolo abbia giocato un ruolo nella vicenda trasformando il caso in «una posta politica che non ha più niente a che vedere con gli ebrei».

Nel dopoguerra non ci troviamo più di fronte all'autorità ecclesiastica che usa del potere temporale per garantire l'educazione cristiana al bambino ebreo battezzato illecitamente ma validamente. Casi come quello di Edgardo Mortara, che abbiamo descritto nel capitolo precedente, sono lontani, non solo nel tempo. La situazione è infatti diversissima: istituti religiosi e singoli sacerdoti, ma anche tante famiglie, hanno nascosto i figli degli israeliti in fuga, per salvarli dalla deportazione e dalla morte certa. Chi si è prestato a questa operazione di soccorso, ha messo quasi sempre a repentaglio la propria vita per salvare quella dei piccoli ebrei. Nell'immane tragedia dell'olocausto, moltissimi genitori di quei piccoli sono stati sterminati brutalmente dai nazisti. Le organizzazioni ebraiche vogliono giustamente riportare i bambini in seno alla comunità, anche se spesso i piccoli si trovano inseriti in ambiti che li hanno accolti bene e dove essi si sono ben ambientati.

Cronologia di un «affaire» scottante

Nella prima parte del numero di «Archives Juives» dedicato all'«affaire Finaly», la studiosa Catherine Poujol ricostruisce passo dopo passo la cronologia del caso, che diventa di dominio pubblico soltanto nelle sue battute finali.

Robert (Ruben) e Gérald (Gueldaya) Finaly erano nati rispettivamente il 14 aprile 1941 e il 3 luglio 1942. I loro genitori, Fritz Finaly e Anni Schwarz, si erano sposati nel 1938 e vivevano in Austria. Finaly era infatti il primario di una clinica di Vienna. Avevano lasciato l'Austria subito dopo l'*Anchluss* e pur desiderando di emigrare in Bolivia si erano rifugiati in Francia, a La Tronche, vicino a Grenoble. Qui erano nati i due bambini, che erano stati subito circoncisi: un particolare importante che permetterà nei processi che seguiranno di affermare la volontà dei genitori di educarli nella fede giudaica. Il 7 giugno 1941, il dottor Fritz dichiara la nazionalità francese per il più grande dei figli. Gérald rimane dunque austriaco.

Il 10 febbraio 1944 i bambini vengono nascosti nell'asilo nido San Vincenzo de' Paoli a Meylan, a una decina di chilometri da Grenoble. Fritz e Anni Finaly confidano segretamente alla loro amica Marie Paupaert il luogo dove i figli sono rifugiati. E le chiedono di prendersene cura nel caso loro due non sopravvivano alla persecuzione nazista. Quattro giorni dopo aver lasciato i bambini all'asilo, i coniugi Finaly vengono arrestati dalla *Gestapo* e deportati, il 7 marzo successivo, da Drancy ad Auschwitz con il convoglio numero 69. Un viaggio dal quale non faranno mai più ritorno. Dalle schede di registrazione manoscritte che attestano il passaggio dei Finaly attraverso il campo di concentramento di Drancy (conservate agli Archivi nazionali di Parigi e riprodotte sul numero di «Archives Juives») si evince che i coniugi avevano dichiarato di non avere figli: si legge infatti la sigla «M.0.E.», che significa «Mariés-zéro enfants».

La signora Paupaert, alla quale i Finaly avevano chiesto di prendersi cura dei bambini, li consegna subito alle religiose di Notre-Dame de Sion, a Grenoble e queste ultime, vista l'età dei piccoli, li affidano all'asilo municipale diretto da Antoinette Brun, una donna che all'epoca aveva cinquant'anni.

Quei parenti lontani

Fritz Finaly aveva un fratello maggiore, Richard, fotografo di professione, che muore anch'egli deportato dai nazisti. La vedova di quest'ultimo, rifugiatasi a Londra, ritornerà in Austria nel 1945 e si recherà a Grenoble dove incontrerà i due nipoti ospitati dalla signorina Brun. Il dottor Finaly aveva anche tre sorelle: Margarete, moglie del veterinario Walter Fischel; Louise, moglie dell'avvocato Rothbaum (entrambe abitano con i loro mariti in Nuova Zelanda) e Hedwig, la terza sorella, che ha sposato Moshe Rosner e vive a Hederah, in Israele.

La zia Margarete Fischel tenta per prima di ritrovare Robert e Gérald. Il 9 febbraio 1945, dalla Nuova Zelanda, scrive al sindaco di La Tronche il quale il 12 marzo successivo la informa della deportazione del dottor Finaly e della sua sposa. Il 5 luglio di quell'anno Margarete scrive una lettera alla signora Paupaert, la donna alla quale i coniugi Finaly avevano affidato i figli, la quale risponde fornendo l'indirizzo dell'asilo municipale di Grenoble diretto da Antoinette Brun. Come si vede, il ritrovamento non è stato affatto difficile: i due fratellini si sono salvati grazie alla prontezza dei genitori e alla generosità di chi li ha accolti sapendo bene che erano ebrei e in quanto tali ricercati. La vicenda sembra a un passo dalla soluzione: non ci sono state lunghe e difficoltose ricerche per rintracciare i bambini.

Il 15 maggio 1945, Margarete chiede e ottiene un permesso di immigrazione in Nuova Zelanda per i due fratellini. Scrive dunque alla Brun per esprimerle gratitudine e riconoscenza per quanto aveva fatto e le manifesta il desiderio di recuperare i suoi nipoti. La direttrice dell'asilo risponde in novembre, spiegando che il ritorno è prematuro ma assicura: «I suoi nipoti sono ebrei, vale a dire che sono rimasti nella loro religione». Dunque non sono stati battezzati.

Il 12 novembre, la Brun si fa nominare tutrice provvisoria dei due Finaly da un «consiglio di famiglia» composto per l'occasione da membri tutti ebrei tranne lei, ma del quale non fa parte alcun membro della famiglia Finaly. La direttrice dell'asilo municipale aveva infatti tenuta nascosta al giudice di pace della circoscrizione sud di Grenoble l'esistenza delle zie dei due bambini. Margarete Fischel non viene informata. Grazie alla tutela provvisoria, ottenuta nascondendo al giudice l'esistenza di parenti, la signorina Brun nei mesi successivi mette in atto tutte le manovre possibili per opporsi alla partenza dei bambini. E il 28 marzo 1948 li fa battezzare dall'abate Pichat. In quella data già da tre anni la zia di Robert e Gérald stava tentando di recuperare i due nipoti e si era già appellata al ministero degli Esteri, al sindaco di La Troche e alla Croce Rossa. Margarete si rivolge anche al vescovo di Auckland, James Michael Liston, il quale trasmette la sua lettera all'arcivescovo di Westminster, il cardinale Bernard Griffin, che a sua volta la invia al vescovo di Grenoble, monsignor Alexandre Caillot. Il 25 luglio 1948, Caillot scrive al vescovo di Auckland spiegando di avere avuto «un lungo colloquio con la signorina Brun [...] che si è concluso con una opposizione molto netta da parte sua alla richiesta della zia dei bambini».

Nel frattempo si mobilita anche una delle tre sorelle dello scomparso dottor Finaly, Hedwig, che vive in Israele. Il 27 settembre di quello stesso anno, costei (sposata Rosner) fa chiedere a Moshe Keller, un amico che risiede a Grenoble, di diventare suo rappresentante nella vicenda. È lui che si mette direttamente in contatto con la signorina Brun, la quale si rifiuta di consegnargli i bambini e dichiara: «Li ho fatti battezzare nella fede cattolica, se questa informazione può risultarvi gradita».

Il ricorso alle vie legali

Si arriva così al 1949 e l'unica via percorribile, per le sorelle dello scomparso dottor Fritz Finaly, rimane quella legale. Il 7 gennaio Moshe Keller, accompagnato dall'avvocato di famiglia Maurice Garçon, presenta una denuncia al procuratore della repubblica di Grenoble, il quale ordina l'apertura di un'inchiesta. Il 24 gennaio Antoinette Brun fa costituire un secondo «consiglio di famiglia», nel quale questa volta sono presenti soltanto membri cattolici. Il 15 febbraio 1949 il procuratore di Grenoble convoca Keller per informarlo che il «consiglio di famiglia» è il solo organismo abilitato a prendere decisioni in materia di tutela dei minori. In questo nuovo consiglio, la signora Brun fa emergere la figura di un imprenditore di La Tronche, un certo Peyronnard, il quale si dichiara «detentore delle ultime volontà del dottor Finaly». Peyronnard era un vicino di casa dei Finaly, e a lui il dottore, nel timore della deportazione, avrebbe affidato una parte dei suoi beni.

La questione si complica ulteriormente ed è lo stesso Keller, in un promemoria del 24 dicembre 1952 da noi rintracciato negli Archivi Sionisti di Gerusalemme, ad illustrarle.

> Occorre precisare – scrive Keller – che il dottor Finaly aveva diviso i suoi beni mobili fra molte altre persone. Costoro, a loro volta, non avrebbero potuto avanzare la pretesa di essere egualmente detentrici delle ultime volontà del Dottor Finaly? Così il signor Peyronnard dichiarò che il dottor Finaly lo aveva supplicato, nel caso in cui sopraggiungesse una disgrazia, di opporsi a che i suoi figli fossero affidati alla sua famiglia, e soprattutto a che fossero inviati in Israele; di vegliare, infine, affinché essi fossero tenuti lontani dagli ebrei, e specialmente, dalla famiglia Kaufmann. Appoggiandosi su questa testimonianza incontrollabile, e accontentandosi di un'interpretazione formale e superficiale, il Giudice di Pace decise di escludere dal Consiglio di Famiglia il Signor Kaufmann, amico intimo della Famiglia Finaly, e designò al suo posto il signor Peyronnard[2].

Il 28 luglio successivo, in seguito a un esposto presentato sempre da Keller, il giudice di pace della circoscrizione sud costituisce ufficialmente un terzo «consiglio di famiglia» che decide la restituzione entro un mese dei bambini alla signora

[2] *Affaire des Enfants Finaly. Notes de Monsieur Keller, Grenoble, 24 décembre1952*, p. 8, Central Zionist Archives (d'ora in poi, CZA), C 10-1784, Jerusalem.

Rosner, la zia che abita in Israele, o a un suo rappresentante legale. La direttrice Brun rifiuta di obbedire e il 9 agosto presenta un'istanza di nullità per vizio di forma contro la decisione. Il 28 agosto Moshe Keller, accompagnato da un ufficiale giudiziario, si presenta dalla Brun per farsi consegnare i due bambini. Ma la direttrice dell'asilo di Grenoble oppone un secco "no".

Passa un altro anno. Il 7 giugno 1950, il Tribunale civile di Grenoble prende atto della morte dei coniugi Finaly, avvenuta nel marzo 1944. «Questo dettaglio – spiega Catherine Poujol – passa sempre inosservato, ma rappresenta il nodo fondamentale del caso dal punto di vista giuridico. I bambini infatti non sono più i figli di genitori deportati, sotto tutela provvisoria come stabilito dall'ordinanza del 20 aprile 1945, ma sono degli orfani», la cui situazione è regolata dal diritto civile francese.

L'8 giugno il Tribunale civile annulla la decisione del «consiglio di famiglia» del luglio 1949, quello che aveva dato ragione alla zia israeliana dei due bambini. In seguito a questa decisione, il 14 novembre e il 5 dicembre 1950 si riunisce un nuovo consiglio (il quarto che si occupa del caso Finaly): quest'ultimo nomina la signora Rosner tutrice definitiva di Robert e Gérald Finaly. Una decisione logica, in quanto i due bambini sono orfani e ricadono sotto la tutela dei loro familiari. Dieci giorni dopo, il 15 dicembre, Moshe Keller chiede un'ordinanza che obblighi la Brun a consegnare i bambini nel giro di 24 ore. Ma la donna si presenta davanti al Tribunale civile chiedendo l'annullamento della decisione del «consiglio di famiglia». L'anno successivo, il 15 novembre 1951, il Tribunale dà ragione ad Antoinette Brun e annulla quanto stabilito dal quarto «consiglio di famiglia», perché a quest'ultimo non aveva preso parte Otto Schwarz, il fratello di Anni Finaly, che risiede in Austria. Il rappresentante della zia israeliana dei Finaly, Moshe Keller, si oppone alla decisione e presenta un'istanza alla Corte di appello di Grenoble.

Il 31 maggio 1952 si svolge una seduta a porte chiuse del tribunale: i due fratelli vengono ascoltati e dichiarano di voler rimanere con «mamma Brun», pur affermando di vederla due o tre volte all'anno. Quello stesso mese la superiora del convento di Notre-Dame de Sion, suor Antonine Jannot, suggerisce alla Brun di sistemare i due fratelli in una colonia estiva in Alsazia.

L'11 giugno la sentenza della Corte d'appello di Grenoble dichiara valida la decisione del quarto «consiglio di famiglia» e obbliga la signorina Brun a restituire i bambini alla famiglia. La donna non si dà per vinta e il 15 luglio presenta un ricorso in cassazione, ma la sentenza d'appello è diventata subito esecutiva: senza tenerla in alcun conto, la Brun fa sparire i due ragazzi.

Il 15 e il 16 luglio, Moshe Keller si presenta invano all'asilo municipale per ricevere in consegna i fratelli. Il 18 luglio la famiglia deposita una denuncia per «mancata consegna di minori» e il 16 settembre la direttrice dell'asilo è denunciata al Tribunale correzionale di Grenoble per «mancata consegna di minori» e non per «rapimento di minori».

All'inizio dell'autunno, nel frattempo, suor Antonine fa entrare i due Finaly al collegio Notre-Dame de la Viste a Marsiglia, sotto i falsi nomi di Luis e Marc Quadri. Il 18 novembre la Brun compare davanti al Tribunale correzionale e dieci giorni dopo i giudici decidono che l'accusa di «mancata consegna di minori» non possa essere presa in considerazione, lasciandola libera. La Procura della repubblica presenta appello contro la sentenza del tribunale e i familiari dei Finaly, costituitisi parte civile, si associano all'appello. È a partire da questo momento che l'opinione pubblica ebraica comincia a sentir parlare del caso: Wladimir Rabinovitch, famoso editorialista, con un articolo pubblicato sul giornale ebraico «La Terre retrouvée» il 15 dicembre 1952, dà inizio a una vigorosa campagna in favore della restituzione dei due bambini al loro ambiente di origine.

La lettera di Pizzardo

Arriviamo così al 1953, l'anno decisivo. Nel gennaio, il Concistoro centrale ebraico domanda ai due rabbini capi di Francia *ad interim*, Henri Schilli e Jacob Kaplan, di occuparsi direttamente del problema. Il deciso intervento del Concistoro trova probabilmente una sua ragione nel fatto che Moshe Keller si è lamentato amaramente del fatto che le associazioni ebraiche parigine, specialmente quelle che si occupano di bambini ebrei, si sono disinteressate dell'affare Finaly, non rispondendo alle urgenti richieste di aiuto loro rivolte da Keller[3].

Della questione, intanto, viene investito anche il Sant'Uffizio. Un testo fondamentale per comprendere la posizione vaticana è la lettera che il cardinale Giuseppe Pizzardo, Segretario del Sant'Uffizio, invia al cardinale Gerlier il 23 gennaio.

La lettera è stata pubblicata nella sua traduzione francese nel 1998[4].

Questo è il testo della missiva:

> Num. Prot. 13/46: Eminentissimo Signore, in una nota lasciata al Sant'Uffizio il 14 corrente, vostra Eminenza Reverendissima sottoponeva a questa Suprema Sacra Congregazione il caso di due bambini ebrei, uno di undici anni, l'altro di dodici anni, strappati alla Gestapo mentre i genitori erano deportati in Germania senza lasciare traccia. Battezzati da una pia donna alla quale erano stati affidati all'età di 3 e 4 anni, attualmente essi sono reclamati da una zia che vive nello Stato d'Israele. Questa Suprema Sacra Congregazione ha sottoposto ad un esame attento e molto riflettuto le circostanze di questo problema così delicato, pesando con serenità le conseguenze eventuali, già menzionate da Vostra Eminenza. Ora, il battesimo dei due bambini, uno dei quali manifesta l'intenzione di prepararsi al sacerdozio, e i pericoli per la loro fede,

[3] È lo stesso Keller a rivelarlo a Gerhart Riegner che di questa insensibilità delle organizzazioni ebraiche parigine parla nelle sue memorie (*Ne jamais désésperer...*, cit., p. 623).

[4] Ribière, *L'affaire Finaly...*, cit., pp. 13-14.

nel caso in cui li si rendesse a questa zia israelita, obbliga a considerare con attenzione le conseguenze seguenti:

1. Di diritto divino, questi bambini hanno potuto scegliere e hanno scelto la religione che assicura la salvezza della loro anima;

2. Il diritto canonico riconosce ai bambini che hanno raggiunto l'età della ragione, il diritto di decidere del loro avvenire religioso;

3. La Chiesa ha il dovere imprescrittibile di difendere la libera scelta di questi bambini che per il battesimo le appartengono.

Queste preoccupazioni di ordine superiore non sono state perse di vista in alcun momento nelle decisioni degli Eminentissimi Padri nelle tre ipotesi seguenti:

a) Se la Corte d'Appello confermasse la sentenza di prima istanza si dovrebbe, indipendentemente dalla campagna di stampa, attenersi al diritto riconosciuto dall'autorità giudiziaria.

b) Se il Tribunale di seconda istanza, al contrario, ordinasse che i bambini devono essere consegnati alla loro zia, si dovrebbe consigliare di introdurre un ricorso in Cassazione (terza istanza) utilizzando nell'intervallo di tempo tutti i mezzi legali per proteggere il diritto dei due bambini e della donna che li ha salvati e cresciuti. In questa seconda ipotesi, vostra Eminenza avrà la bontà di fare conoscere al Sant'Uffizio alcuni dati di fatto, come per esempio, se i bambini sono diventati cittadini francesi oppure no, se sono stati adottati dalla persona che li ha fatti battezzare etc. e, se possibile, fornirci copia delle sentenze del Tribunale.

c) Infine, nella dolorosa ipotesi in cui la sentenza definitiva di terza istanza fosse contraria a quella di prima istanza, sarebbe opportuno consigliare a questa signora di resistere in tutta la misura del possibile all'ordine di consegnare i bambini, adottando "per modum facti" tutti i mezzi che possono ritardare l'esecuzione di una sentenza che viola i diritti sopra esposti; questa resistenza non dovrà spingersi al punto di causare gravi danni, sia alla persona, sia alla Santa Chiesa. Comunicandovi queste risoluzioni, domando a vostra Eminenza Reverendissima di volere tenere il Sant'Uffizio al corrente degli sviluppi che prenderà questa questione, sia dal punto di vista giuridico, sia nell'opinione pubblica.

Come si vede, in questo testo, piuttosto duro, il porporato ripropone la dottrina tradizionale sul battesimo e invita di fatto la signorina Brun a resistere con tutti i mezzi possibili, senza però «spingersi al punto di causare gravi danni, sia alla persona, sia alla Santa Chiesa». Che cosa intendeva esattamente dire con queste parole il severo cardinale del Sant'Uffizio? Quale era questo «punto» oltre il quale non ci si doveva spingere? Il trasferimento semi-clandestino dei due ragazzi oltre il confine francese, nei Paesi baschi, che sarebbe avvenuto di lì a poco, era un atteggiamento compreso e in qualche modo avallato da queste indicazioni oppure no?

Che la lettera di Pizzardo non chiuda affatto la questione emerge dagli orientamenti dei circoli della stampa francese, dove ancora all'inizio dell'aprile 1953 si ritiene che il Vaticano, per il tramite del Sant'Uffizio, debba ancora decidere sul caso Finaly scegliendo una fra le due possibili soluzioni: «Decidere che i bambini appartengono ora alla Chiesa in virtù del battesimo e non debbano essere restituiti alla loro famiglia; o, al contrario, considerare che essi non hanno ricevuto il battesimo in condizioni normali e rinviarli alla loro tutrice»[5].

Suore e frati dietro le sbarre

Sei giorni dopo quella lettera, il 29 gennaio, la Corte d'appello riconosce che il Tribunale correzionale ha avuto torto a rimettere in libertà la signorina Brun ma si dichiara incompetente sul caso. Dichiara invalida la precedente sentenza e invita il pubblico ministero a presentare il suo ricorso in forma migliore. Il procuratore è invitato a chiedere il rinvio a giudizio di Antoinette Brun davanti alla Corte d'assise. La Brun viene immediatamente arrestata e rinchiusa nel carcere di Grenoble, da dove uscirà il 12 marzo.

Intanto, il 30 gennaio 1953 i due ragazzi vengono segretamente portati a Bayonne dalla sorella di suor Antonine e

[5] *L'affaire Finaly. Commentaires de Presse. Note de synthèse N. 2, 16 aprile 1953*, CZA, C 10-1806.

iscritti sotto falso nome al Collegio San Luigi Gonzaga, nel quale insegna l'abate Barthélémy Setoain, fratello di un professore dell'istituto Notre-Dame de Sion di Grenoble. I due Finaly vengono però riconosciuti dal direttore del collegio che avverte subito il procuratore di Bayonne, il quale a sua volta, il 1° febbraio, allerta il suo collega di Grenoble. Anche Moshe Keller, il rappresentante legale della zia israeliana di Robert e Gérald, viene immediatamente avvisato. In attesa del suo arrivo, i due fratelli vengono affidati alla custodia del canonico Silhouette, direttore del Collegio Gonzaga. Ma il 2 febbraio, suor Antonine si precipita a Biarritz e informa del caso il vescovo di Bayonne, monsignor Léon-Albert Terrier, e quindi ha un breve incontro con l'abate Setoain; quella sera stessa riparte per Parigi. Il giorno dopo, 3 febbraio 1953, si viene a sapere che i Finaly sono scomparsi.

«La Francia intera scopre il caso Finaly il 4 febbraio, attraverso una fotografia che provoca scandalo»: l'arresto di una religiosa, suor Antonine Jannot[6]. La suora rimane chiusa nel suo silenzio, non collabora con gli inquirenti, ma si sospetta che i bambini siano stati fatti passare in Spagna. La magistratura francese mette sotto inchiesta e arresta tra febbraio e marzo una decina di religiosi che hanno organizzato un vero e proprio piano di evasione per trasferire i Finaly verso i paesi baschi. È allora che il rapimento assume una reale dimensione pubblica e coinvolge le massime autorità religiose.

Il 5 febbraio, il rabbino Jacob Kaplan incontra monsignor Thouvet, il segretario particolare dell'arcivescovo di Parigi, il neo-cardinale Maurice Feltin. Kaplan teme di dover entrare in aperto conflitto con la Chiesa nel caso i bambini non vengano restituiti e vuole far sapere al cardinale che questo gli provoca dispiacere. Monsignor Thouvet fa sapere al rabbino capo che l'arcivescovo di Parigi ha già preso contatto

[6] POUJOL, *1945-53. Petite chronique de l'affaire des enfants Finaly*, in «Archives Juives», cit., p. 12.

con i vescovi di Bayonne e di Grenoble e ha già telefonato alla superiora generale delle suore di Notre-Dame de Sion chiedendo di incontrarla.

Il 7 febbraio 1953 «Le Monde» pubblica una lettera aperta del padre Paul Demann, dell'ordine di Nostra Signora di Sion e direttore della rivista «Cahiers Sioniens». In essa si legge quanto segue:

> Essendo implicati nell'affare dei bambini Finaly un istituto e alcuni membri della congregazione delle religiose di Nostra Signora di Sion, tengo a precisare come sacerdote di Nostra Signora di Sion e direttore dei «Cahiers Sioniens», che le religiose e i preti di Nostra Signora di Sion costituiscono, in diritto e in fatto, due congregazioni del tutto distinte e indipendenti. Allo stesso titolo, tengo soprattutto pubblicamente a esprimere l'*indignazione* che provo davanti a certi comportamenti adottati in questo affare. Sono convinto che tali comportamenti, *a parte ogni questione di principio*, siano di natura tale da causare un grave ed evidente pregiudizio a questi stessi bambini, al bene comune della società, alla Chiesa tutta intera, e assai particolarmente a una causa che mi è cara e che mi sembra importante, quella della comprensione e del riavvicinamento tra ebrei e cristiani. Auspico ardentemente che, indipendentemente dal corso della giustizia, coloro i quali possono avere una certa influenza o autorità sulle persone coinvolte nella vicenda, impieghino tale autorità in modo da porre rapidamente fine a questa deplorevole storia e rimediare a ciò a cui si può ancora rimediare delle sue disastrose conseguenze[7].

Ci sembra questo un esempio molto calzante dei vari modi di sentire della Chiesa cattolica francese in merito all'affare Finaly.

Nella notte tra il 10 e l'11 febbraio, l'agenzia *France Presse* diffonde un appello che il vescovo di Grenoble, Caillot,

[7] *L'Affaire Finaly, Sommario della Nota del Concistoro Centrale degli Israeliti di Francia, 12 febbraio 1953*, p. 10, in CZA, C 10-1809; cfr. «Le Monde», 7 febbraio 1953. Va ricordato che il padre Demann, di lì a poco, pubblicherà un articolo sui «Cahiers Sioniens» sul caso Finaly, giudicato dalla divisione europea del *World Jewish Congress* «un riassunto molto corretto e obiettivo». Così Stephen W. Pollak ad Armand Kaplan, 18 giugno 1953, CZA, C 10-1784.

ha redatto in accordo con il cardinale Pierre Gerlier, arcivescovo di Lione e presidente della Conferenza episcopale francese. Il prelato chiede «formalmente a tutte le persone o gruppi religiosi o laici che conoscono il luogo dove soggiornano i fratelli Finaly o che siano in grado di offrire qualche informazione in proposito, di farla conoscere in qualunque modo all'autorità giudiziaria»[8].

L'appunto di Roncalli

Il 18 febbraio André Weil, membro del Concistoro centrale ebraico e dirigente del Comitato delle opere sociali della Resistenza (COSOR), organizzazione diretta da padre Chaillet, informa Kaplan che il sacerdote vuole vederlo. Padre Chaillet, a nome del cardinale Gerlier, cerca di arrivare a un accordo con il rabbino capo su queste basi: la restituzione dei bambini da parte della Chiesa e il ritiro delle denunce da parte della famiglia contro i religiosi coinvolti nel rapimento. Nonostante molti nel mondo ebraico francese siano contrari, Jacob Kaplan accetta la proposta, mentre Gerlier consulta i suoi superiori romani.

Il 19 febbraio, intanto, vengono tratte in arresto le due persone che hanno aiutato la fuga dei Finaly attraverso il confine: sono François Etchecaharretta e Joseph Susperreguy. Questi ultimi denunciano l'abate Laxague, professore al Seminario maggiore di Bayonne. Tre giorni dopo quest'ultimo viene tratto in arresto, insieme agli abati Ibarbaru (curato di Biriatou), Dominique Irigoin (vicario di Saint-Jean de la Luz), Jean Aritzia (cappellano della Gioventù operaia cristiana) e a Jean Falgade. Restanto tutti dietro le sbarre per dieci giorni prima di ottenere la libertà provvisoria, eccetto l'abate Laxague, che rimane in carcere fino al 15 marzo.

[8] *L'Affaire Finaly, Sommario della Nota del Concistoro Centrale degli Israeliti di Francia, 12 febbraio 1953*, cit., p. 11.

Quando la vicenda diventa dunque di dominio pubblico ed entra nella sua fase più acuta, il nunzio apostolico a Parigi, Angelo Giuseppe Roncalli, è in partenza. È infatti già stato creato cardinale, ha appena ricevuto all'Eliseo, dalle mani del presidente francese Vincent Auriol, la berretta color porpora, ed è già stato nominato da papa Pio XII patriarca di Venezia, al posto dello scomparso monsignor Agostini. Nelle minuziose agende di Roncalli – che, come abbiamo già avuto modo di segnalare nei capitoli precedenti, non contengono alcun accenno alle richieste delle organizzazioni ebraiche e non affrontano in alcun modo i temi contenuti nei documenti vaticani con le istruzioni per l'episcopato francese – c'è un unico, veloce riferimento al caso Finaly. L'edizione critica delle agende relative a questi anni (1949-1953), nel momento in cui stiamo stendendo queste righe, deve ancora essere pubblicata a cura dello storico francese Étienne Fouilloux. La trascrizione dattiloscritta di quei testi è però già allegata alla documentazione della causa di beatificazione di Giovanni XXIII.

Ecco l'appunto in questione:

> 20 febbraio 1953. Pomeriggio, visita di congedo al Presidente Auriol che fu come sempre amabilissimo. Mi parlò dell'affare Finaly a cui mostrai di non dare importanza.

Questo è l'unico, brevissimo passaggio delle agende nel quale si parla dei battesimi di bambini ebrei. Sembra evidente l'intento del nunzio di minimizzare, di non dare alcuna importanza al caso. Un atteggiamento ovviamente dettato da necessità diplomatiche, peraltro bene in linea con quello tenuto in merito a queste dolorose questioni anche negli anni precedenti, che non trovano quasi mai spazio fra gli appunti precisi ed esaurienti che quotidianamente il nunzio apostolico a Parigi verga sui suoi quaderni privati.

Nel piccolo saggio di Katy Hazan, intitolato *Recuperare i bambini nascosti: un imperativo per le istituzioni ebraiche nel dopoguerra* e pubblicato nel già citato numero di «Archives Juives», si parla dell'OSE, *Oeuvre de secours aux enfants*, secondo la quale all'indomani della guerra «solo una cinquantina di bambini sarebbero in vero pericolo di conversione (...) a fronte dei 10.500 bambini minacciati di sterminio e alla fine salvati». Ma si rivela pure l'esistenza di una domanda precisa per chiedere il recupero dei bambini ebrei, inviata al nunzio apostolico che sarebbe stata lasciata cadere: «Dal luglio 1945», rivela la Hazan «il Consiglio superiore dell'infanzia ebrea aveva fatto una domanda al nunzio per cercare di recuperarli. Questa è rimasta senza risposta».

L'accordo con Gerlier

Il 6 marzo, padre Chaillet per conto della Chiesa cattolica, e la signora Rosner per conto della famiglia Finaly, firmano un accordo in cinque punti che rimane segreto perché la Chiesa, impegnandosi a restituire i bambini ai parenti, teme l'insorgere di problemi a causa dei religiosi spagnoli coinvolti nella vicenda. Ecco dunque i termini dell'accordo, nelle parole del gran rabbino di Francia, Jacob Kaplan in un documento tratto dagli archivi sionisti:

> 1) Restituzione dei bambini Finaly alla Signora Rosner; 2) La parte civile s'impegna a por termine ai procedimenti giudiziari contro eventuali nuovi imputati; 3) Sospensione della campagna di stampa; 4) La Signora Rosner e i bambini Finaly saranno sistemati in una proprietà privata vicino Parigi, in un luogo da convenire fra le due parti. I bambini dovranno dimorare per quattro mesi nel predetto luogo. I rappresentanti del giudaismo e del cattolicesimo si asterranno da ogni contatto diretto, sotto qualsiasi forma, con i due bambini. 5) Attendere le decisioni del giudice della Corte di Cassazione, che dovrà statuire sulla sentenza resa il 29 gennaio 1953, che nel frattempo deve avere efficacia[9].

Gli archivi sionisti di Gerusalemme ci rivelano anche l'esistenza di un sesto punto non inserito nell'accordo Chaillet-

[9] Armand Kaplan ad Alexander Eastermann, *Dernière communication, strictement confidentiel, 11 marzo 1953*, CZA, C 10-734.

Rosner, «ai termini del quale la Chiesa di Francia chiede che il giudaismo di Francia esprima, con una dichiarazione pubblica, la sua gratitudine alla Chiesa per aver salvato i bambini Finaly».

> Non ho bisogno di sottolineare – commenta Armand Kaplan – nelle presenti circostanze, il lato umoristico di questo sesto punto, che è stato respinto[10].

Reazione al momento comprensibile, anche se non giustificata dagli aspetti diplomatici e poi dall'esito della vicenda, chiusasi positivamente proprio per il deciso intervento della gerarchia cattolica.

Il rabbino Jacob Kaplan esita peraltro anche di fronte al quarto punto dell'accordo, che creerebbe una *impar condicio* religiosa, «dato che è un fatto che la Chiesa ha avuto la possibilità per molti anni di esercitare un'influenza religiosa sui bambini, mentre noi, da parte nostra, adottando il citato punto quarto, e fino al momento della decisione della Corte di Cassazione – e Dio sa se essa può tardare a lungo – a noi verrebbe proibito di educare i bambini nella fede dei loro avi»[11].

È per questo che gli ebrei francesi adottano alcune misure, sensibilizzando la stampa, creando ovunque dei «comitati Finaly» «con personalità ebraiche e non ebraiche di ogni tendenza ideologica, di tutte le confessioni e di tutti gli strati sociali», organizzando convegni e promuovendo ogni altro tipo di attività, «ad eccezione di interventi diplomatici».

Il rabbino Kaplan non vuole comunque compromettere l'accordo appena concluso, e a tal fine chiama per telefono l'altro Kaplan, Armand (più pessimista verso l'accordo), per chiedere che il Congresso mondiale ebraico si astenga da ogni manifestazione pubblica, almeno fino a domenica 15 marzo

10 *Ivi.*
11 *Ivi.*

inclusa. Il Rabbino aggiunge che «il clero francese sarebbe già intervenuto presso il clero spagnolo e che si sarebbe sul punto di ricondurre i bambini a casa»[12].

Per il momento il dialogo è dunque avviato, anche se i familiari dei Finaly dovranno pazientare per quattro mesi, in attesa che l'impegno contratto il 6 marzo venga onorato. Ma il cardinale Gerlier si attiva subito e manda come sua inviata personale alla ricerca dei bambini dispersi in Spagna Germaine Ribière.

Lo stesso giorno dell'accordo Chailler-Rosner, la «Commissione Finaly» insediata presso la sede parigina del Congresso ebraico mondiale, inizia le sue riunioni.

Non si esclude intanto l'ipotesi di risolvere il caso Finaly con mezzi diplomatici. Il 23 marzo 1953, il direttore della sede londinese del *World Jewish Congress*, Alexander Eastermann, scrive all'ambasciatore di Francia presso la Corte di Sua Maestà, René Massigli. Nel riassumere la vicenda all'ambasciatore, di cui ha apprezzato i passi già intrapresi, Eastermann chiede che il suo governo possa «comunicare al Vaticano che in questo caso sono coinvolti i principi basilari di religione, giustizia e umanità, e che la Santa Sede non può approvare l'offesa alle leggi civili da parte dei rappresentanti e degli aderenti della Chiesa Cattolica romana»[13]. Di poche righe la non impegnativa risposta di Massigli a Eastermann: «Potete star sicuro – queste le parole dell'ambasciatore – che il governo francese, a cui trasmetto immediatamente la Vostra lettera, non trascura alcuno sforzo per trovare una soluzione soddisfacente a questa delicata vicenda»[14].

Diverso è l'approccio di altre agenzie ebraiche. La «Commissione Finaly», in una riunione del 21 marzo 1953, ha deciso che ogni passo nei confronti del Vaticano debba esse-

12 *Ivi*.
13 Alexander Eastermann a René Massigli, 23 marzo 1953, *ivi*.
14 René Massigli ad Alexander Eastermann, 24 marzo 1953, n. 453, *ivi*.

re fatto dal Rabbinato di Francia, dunque su una base interconfessionale e non diplomatica.

Il 22 marzo Armand Kaplan sente telefonicamente il collega londinese Eastermann, ma dimentica di comunicargli quest'importante decisione della Commissione. Sicché, quando Kaplan se ne ricorda il giorno dopo, e ne scrive al collega londinese è ormai troppo tardi, dato che Eastermann si è già incamminato sulla «via diplomatica», scrivendo all'ambasciatore francese Massigli[15].

«Via diplomatica» e «via religiosa» dunque si ostacolano reciprocamente, anche per qualche difetto di comunicazione all'interno dell'ebraismo europeo sull'intero caso Finaly.

L'8 aprile 1953, la «Commissione Finaly» mette a punto la sua via. Essa suggerisce di compiere gli opportuni passi presso tutte le ambasciate di Francia e presso tutte le nunziature apostoliche. Ma la Commissione conta soprattutto «sull'agitazione pubblica attraverso raduni, campagne di stampa, ecc.». La Commissione si distacca sensibilmente dal *World Jewish Congress* in rapporto al Vaticano:

> Quanto al passo diplomatico presso il Vaticano, la Commissione mantiene la sua posizione e stima che il dialogo debba essere condotto sul piano confessionale e, se un passo dovesse aver luogo, sarebbe il Concistoro centrale di Francia che, nella sua qualità di organismo rappresentativo del giudaismo francese sul piano confessionale, sarebbe abilitato al farlo.

Ma la decisione più importante che la «Commissione Finaly» adotta l'8 aprile è la creazione di un «vasto comitato di difesa della famiglia Finaly», in cui rientrino organizzazioni non ebraiche come la Lega dei Diritti dell'Uomo, quella per l'insegnamento laico, la Lega contro l'antisemitismo, e varie altre organizzazioni ebraiche, come il Congresso ebraico mondiale, il Consiglio rappresentativo degli ebrei di Fran-

[15] Armand Kaplan ad Alexander Eastermann, 23 marzo 1953, AK/MB/2181, *ivi*. Va precisato che il passo di Eastermann verso Massigli è stato chiesto proprio da Kaplan, che ora però prega Eastermann di soprassedere.

cia o l'*American Joint Distribution Commitee*. Qual è lo scopo immediato di questo comitato?

> Pubblicare un manifesto ad imitazione del *J'accuse* di Zola, che denunci il ruolo giocato in questo affare dalla Chiesa, da certi membri del Governo e della Magistratura; l'organizzazione di vasti raduni; contatti con parlamentari in vista della preparazione di una nuova interpellanza alla Camera al momento della ripresa dei suoi lavori, prevista per il 12 maggio. In breve, tale Comitato avrà per scopo di utilizzare il periodo della campagna alla vigilia delle elezioni municipali per mettere i partiti favorevoli alla signora Brun, cioè il M.R.P., l'R.F.P. e l'U.D.S.R. (indipendenti) in una situazione penosa. Possiamo contare, per contro, sui partiti di sinistra (comunisti, S.F.I.O. e una parte dei radicali). Siamo decisi a dare a questo comitato il massimo della pubblicità[16].

Vi è quindi un doppio registro dell'ebraismo nell'Affare Finaly: il Rabbinato francese avrebbe mantenuto il dialogo col Vaticano sul mero piano confessionale, mentre il "braccio secolare" delle varie organizzazioni ebraiche, appoggiato dalle sinistre francesi, avrebbe provocato un aspro confronto politico con la Chiesa cattolica, abilmente sfruttato sul piano mediatico.

Nella galassia delle organizzazioni ebraiche, le iniziative sono poi molteplici e non ben coordinate. La «Commissione Finaly» deve ad esempio bloccare *Agudath Israel*, che ha deciso di portare il caso Finaly alla Commissione dei Diritti dell'Uomo delle Nazioni Unite. La Commissione blocca *Agudath* una prima volta il 23 marzo 1953[17] e una seconda volta il 9 aprile successivo[18]. Per decisione unanime, infatti, la Commissione stima di dover mantenere il caso Finaly su un piano nazionale. «Disgraziatamente – si legge la risoluzione del 23 marzo – è da temere che verrà il momento in

16 Armand Kaplan ad Alexander L. Eastermann, 9 aprile 1953, CZA, *ivi*.

17 In tale occasione si dice che «lo scopo della Commissione è, fra l'altro, di coordinare le azioni provenienti dalle organizzazioni ebraiche». Armand Kaplan a Harry Goodman (Segretario Politico di *Agudath Israel*), 23 marzo 1953, JB n. 2183, CZA, C 10-1784.

18 Commission Finaly France a Centraguda London, 15 aprile 1953, *ivi*.

cui occorrerà fare appello alle organizzazioni internazionali ebraiche. La Commissione deciderà allora l'azione da intraprendere in tale ambito».

Da parte ebraica, comunque, non si crede poi molto all'accordo raggiunto dal Rabbinato con la Chiesa cattolica francese il 6 marzo:

> In effetti – spiega il 28 aprile 1953 Armand Kaplan, segretario generale della sezione parigina del *World Jewish Congress*, ai colleghi americani – è intervenuto un accordo nel mese di marzo tra il Rabbinato e la Chiesa di Francia, ma non ha avuto seguito. Ed è certamente la Chiesa francese a portarne la responsabilità. La Chiesa in Spagna afferma di non essere ufficialmente al corrente del soggiorno dei bambini nel Paese. Così, vengono inviate note da una Chiesa all'altra, da una cancelleria all'altra. Noi siamo ad ogni modo convinti che si cerchi solo di guadagnare tempo e, per chiamare le cose col loro nome, di ingannarci[19].

La via battuta da quel «Comitato Finaly» voluto dall'omonima «Commissione» non è condivisa da tutte le organizzazioni ebraiche. Il 30 aprile Laura Margolis-Jarblum, dell'*American Joint Distribution Commitee*, scrive al direttore della sede parigina del Congresso ebraico mondiale, Kaplan, in questi termini:

> Benché il JDC abbia seguito con molto interesse lo sviluppo dell'affare Finaly, riteniamo che per il momento la nostra partecipazione al lavoro della Commissione Finaly debba cessare. Il JDC ha sempre pensato di doversi interessare attivamente ai casi dei bambini ebrei collocati in famiglie («*foyers*») non ebraiche. In virtù di questo principio abbiamo dato completa assistenza nell'affare Finaly, fino al momento in cui la Corte di Grenoble ha reso un giudizio favorevole alla famiglia Finaly. Dal momento della sparizione dei bambini, l'affare ha assunto un risvolto completamente differente. Più recentemente esso è divenuto un affare del tutto politico, che ha implicato il Governo francese e la Chiesa di Francia. Noi c'interessiamo sempre vivamente al

[19] Armand Kaplan a Maurice L. Perlzweig, 28 aprile 1953, AK/MB/2309, CZA, C 10-1806.

destino dei due bambini Finaly ma non pensiamo attualmente di dover partecipare ai lavori della Commissione Finaly. Speriamo che gli sforzi intrapresi dalle organizzazioni locali ebraiche e non ebraiche avranno per risultato di restituire i bambini alla loro famiglia. Allora saremo lieti di partecipare nuovamente con le forme necessarie a una soddisfacente conclusione di questo affare[20].

Il *Joint* ha dunque optato per il «profilo basso», chiamandosi fuori dai lavori del «Comitato Finaly» nel momento in cui tutto l'affare fuoriesce dal contesto locale, rischiando di coinvolgere in un'aspra diatriba le massime istituzioni dell'ebraismo e della Chiesa cattolica.

Arriva intanto la Pasqua ebraica, e il gran rabbinato di Francia chiede a tutte le famiglie ebree di riservare simbolicamente a tavola due posti vuoti per i fratelli Finaly. Le voci più strane poi si rincorrono. Il 17 aprile «L'Aurore» annuncia che i ragazzi sono stati «rapiti» da «gruppi fanatici» israeliani perché titolari di una favolosa eredità di 13 miliardi di franchi; «Le Monde» il 15 maggio solleva dubbi sul reale stato di salute di uno dei due fratelli, mentre «Combat» il 21 dello stesso mese scrive che uno dei Finaly sarebbe già morto e sepolto. Ma l'inviata speciale del cardinale arcivescovo di Lione, Germaine Ribière, che continua i suoi viaggi al di là della frontiera con la Spagna, attesta che tutte queste «notizie» sono prive di fondamento e rassicura in proposito sia il rabbino capo Kaplan sia padre Chaillet.

Della presunta morte di uno dei Finaly siamo in grado di presentare alcuni retroscena. Il 12 maggio 1953, la sede parigina del *World Jewish Congress* informa la centrale newyorchese di una notizia «strettamente confidenziale» proveniente da «una fonte estremamente seria», anche se ancora da confermare: il minore dei fratelli Finaly, Gérald, al momento di varcare la frontiera franco-spagnola, sarebbe morto l'8 maggio nella regione di San Sebastian, per una gravissima malattia che avrebbe richiesto due interventi chirurgici rivelatisi vani. Il piccolo Finaly sarebbe stato poi sepolto sotto il nome di Jaime Alvarez. Tutto ciò, aggiunge la sezione parigina del Congresso ebraico mondiale, spiegherebbe le difficoltà della Chiesa spagnola nei riguardi di quella francese nella vicenda della restituzione. «Noi speriamo – si legge ancora nel messaggio – proseguendo i negoziati con la Chiesa, di ottenere più informazioni possibile su questa tragica situazione, e una volta in possesso di tutti gli elementi, di dare la più grande pubblicità a questo affare»[21].

Per quanto riguarda il versante giudiziario, il 23 aprile la sezione criminale della Corte di cassazione rinvia la signorina Brun davanti alla corte di Riom per essere giudicata con l'accusa di rapimento di minori.

Il 13 maggio 1953 dalla sezione parigina s'informa la centrale del *World Jewish Congress* che mons. Émile André Maury, presidente dell'ufficio episcopale francese per la propaganda della fede e braccio destro del cardinale Gerlier, è rientrato dalla Spagna dove il cardinale l'aveva inviato sulle tracce dei Finaly. Secondo le dichiarazioni fatte da Maury al gran rabbino di Francia Jacob Kaplan, «la Chiesa di Spagna ed anche le autorità civili non sarebbero contrarie alla restituzione dei bambini, ma costoro si troverebbero nelle mani di elementi baschi fanatici (in Spagna) sui quali non si potrebbe esercitare alcuna pressione». Sono, queste, informazioni tutte da verificare. È invece confermato un altro importante tassello diplomatico della vicenda

> Il Quai d'Orsay [il ministero degli Esteri francese, *NdA*] avrebbe ricevuto una risposta dal Governo di Spagna – circa la sua richiesta di restituire i bambini – il quale, forte dell'inganno subito nel 1945 nel caso Laval (costui sarebbe stato fucilato nonostante la formale promessa di non farlo), ha rifiutato di restituire i bambini, essendo diffidente in merito al rispetto degli accordi conclusi tra il Gran Rabbinato e la Chiesa.

20 Laura Margolis-Jarblum ad Armand Kaplan, 30 aprile 1953, *ivi*.

21 Armand Kaplan a Maurice L. Perlzweig, 12 maggio 1953, AK/MB2360, CZA, *ivi*. Copia di questo messaggio fu trasmessa anche a Gerhart Riegner e ad Alexander Eastermann, rispettivamente della sede ginevrina e londinese del *World Jewish Congress*.

«La sola arma che ci resta è l'agitazione pubblica», commentano gli ebrei francesi[22]. Tale atteggiamento è rafforzato dalla falsa notizia della morte di uno dei fratelli Finaly.

> La nostra idea – scrive da New York Eastermann il 19 maggio 1953 – è di far sì che il pieno significato della tragedia sia trasmesso all'opinione pubblica, così che almeno possiamo ottenere la consegna dell'altro ragazzo. La questione di una mera dichiarazione che denunci la tragedia non avrebbe gli stessi risultati. Per la mia esperienza in tali vicende, sarà infinitamente più importante dar prima da sola la notizia della tragedia e in seguito fare una pubblica dichiarazione al riguardo[23].

A fine maggio, il cardinale Gerlier informa il rabbino Kaplan delle difficoltà che sono sorte nel tentativo di recupero dei bambini e chiede di pazientare, ma il Rabbino risponde di essere ormai soggetto alle pressioni dell'opinione pubblica ebraica.

Anche il *World Jewish Congress*, che pure non vuol essere tirato in ballo nella diatriba, ritiene giunto il momento di agire. «È piuttosto evidente – scrive il 4 giugno 1953 Maurice Perlzweig dalla sede centrale dell'organizzazione, anche sull'onda della presunta morte di Gérald Finaly – che è giunto il momento di agire su scala internazionale, se il governo spagnolo e il Vaticano devono essere persuasi a muoversi contro i baschi recalcitranti»[24].

Così, il 5 giugno, Kaplan convoca una conferenza stampa per annunciare l'esistenza dell'accordo siglato il 6 marzo tra la Chiesa cattolica e i familiari dei Finaly. Il Rabbino si rammarica del fatto che le gerarchie ecclesiastiche non hanno mai condannato ufficialmente e pubblicamente il battesimo dei bambini e che molti teologi sostengano, senza essere smentiti, la «legittimità canonica» di quello che viene

22 Armand Kaplan ad Alexander Eastermann, 15 maggio 1953, AK/MB2392, CZA, C 10-734.

23 Alexander Easterman ad Armand Kaplan, 19 maggio 1953, *ivi*.

24 Maurice L. Perlzweig ad Armand Kaplan, 4 giugno 1953, lettera personale (d'ora in poi: l.p.), CZA, C 10-1806.

considerato come un «rapimento rituale». Kaplan teme le conseguenze che lo zelo di preti fanatici potrebbe avere sulla salute mentale dei due ragazzi e insorge contro le lentezze dell'inchiesta giudiziaria e contro l'indulgenza dei provvedimenti amministrativi. Dichiara infine che il caso Finaly non è unico ed esige che quel battesimo, «un'offesa alla memoria dei martiri del giudaismo», sia annullato con una restituzione «pura e semplice» dei due fratelli alla famiglia e alla comunità ebraica.

Il cardinale Gerlier risponde, sempre a mezzo stampa, garantendo la buona fede dei negoziatori di parte cattolica che si stanno occupando del recupero dei Finaly e per la prima volta la Chiesa afferma la volontà di restituire i ragazzi: la gerarchia cattolica francese, attraverso le parole del porporato che la rappresenta, mette di fatto in discussione la dottrina secondo la quale i bambini ebrei battezzati all'insaputa dei loro genitori non possono essere più resi alle famiglie, com'era avvenuto per il caso Mortara.

La soluzione del caso

L'inviata del cardinale Gerlier, Germaine Ribière, tenta un ultimo negoziato, grazie all'aiuto di padre Inda, abate dell'abbazia Notre-Dame de Belloc. E scrive: «Gli abati baschi francesi hanno avvertito il vescovo di San Sebastian che i bambini si trovano nel monastero di Lazcano, nei Paesi baschi spagnoli, e lui ha a sua volta avvisato il governatore della Provincia il quale a sua volta ha avvisato il ministro degli Esteri che a sua volta ha avvisato Franco. Quest'ultimo ha stabilito che i bambini non debbano essere più restituiti». C'è dunque un'opposizione politica del dittatore Francisco Franco, che complica ulteriormente la già intricata vicenda.

Intanto il 23 giugno 1953, la sezione civile della Corte di Cassazione rigetta il ricorso presentato dalla Brun e conferma la nomina della signora Rosner come definitiva tutrice dei fratelli Finaly. Prima del 25 giugno, i ragazzi vengono finalmente individuati grazie alla testimonianza dei preti baschi che li avevano aiutati ad attraversare il confine. Il 26 giugno Robert e Gérald tornano in Francia insieme a Germaine Ribière e la sera del giorno 27 arrivano a Saint-Léonard.

Come evolverà la vicenda? Che strascichi si avranno nei rapporti tra ebrei e cattolici? A tal proposito ci sembra molto interessante una lettera di Maurice Perlzweig, della sede centrale del *World Jewish Congress*, del 3 luglio 1953, che dimostra l'esistenza di una varietà di pareri all'interno del mondo ebraico; varietà peraltro documentata da una consistente mole di carte degli archivi sionisti. Scrive dunque Perlzweig:

> Gradirei esprimere l'ardente speranza, che so esser condivisa dai miei colleghi qui, che il World Jewish Congress come tale non venga coinvolto nella controversia sul futuro dei bambini Finaly, che sembra ora in via di evoluzione. Alcuni di noi sono un po' preoccupati dalla pubblicità che si sta dando alla proposta di denunciare l'accordo solennemente concluso con la ragione che esso è stato reso nullo dalla decisione del tribunale. E un po' tardi per opporsi all'accordo, che a New York abbiamo ritenuto aperto a serie obiezioni. Ma il momento giusto per le critiche era quando l'accordo fu fatto e non ora che i bambini sono stati consegnati. Non è necessario essere dogmatici sull'intera vicenda, e non pretendo, non avendone titolo, di emettere il verdetto finale. Ciò che mi sembra aperto ad obiezioni è il fatto che qualcuno dei nostri amici non solo chieda la denunzia dell'accordo, ma che lo faccia anche con la voce a tutto volume. Ciò può causarci un danno enorme. Considero mio dovere ribadire e rimarcare che il *World Jewish Congress* non dev'essere in alcun modo impegnato in quella che è ora una controversia puramente interna e nazionale. Il ritorno dei bambini è stata una considerevole vittoria e può finire per produrre delle conseguenze storiche. Noi non vogliamo vanificare tutto continuando la lotta in un modo che può farla degenerare in una guerra locale tra fazioni. Il futuro dei bambini può essere determinato dall'esercizio del tatto e della discrezione, e non sarà agevolato da una pubblica controversia[25].

[25] Maurice L. Perlzweig ad Armand Kaplan, 3 luglio 1953, l.p., *ivi*.

Questa lettera ben rappresenta il caleidoscopio di umori dell'ebraismo francese sul caso Finaly. Essa non è scritta a caso, dato che negli ambienti ebraici della capitale francese corre voce che la sezione locale del *World Jewish Congress* intenda «sostenere e sviluppare un'azione bellicosa nei riguardi della Chiesa, prendendo a pretesto l'affare Finaly»[26].

L'ultimo strascico giudiziario della vicenda è l'arresto, il 13 luglio 1953, di cinque preti baschi, avvenuto sulla base del racconto dei ragazzi. Tre giorni dopo i religiosi vengono rimessi in libertà e il 18 luglio la signora Rosner, la zia dei Finaly, ritira tutte le accuse. Per la giustizia il caso è chiuso: sulla base dell'accordo del 6 marzo, siglato tra la Chiesa cattolica e la famiglia, non saranno presentate denunce contro gli autori del rapimento, che vengono immediatamente rilasciati. Finalmente, il 25 luglio, Robert e Gérald Finaly partono in aereo insieme alla zia, diretti in Israele. Il numero monografico di «Archives Juives», dal quale abbiamo tratto la puntuale e accuratissima ricostruzione del caso integrandola con i documenti provenienti dagli Archivi Sionisti, pubblica, tra le altre, una foto dei due fratelli mentre sono intenti a mungere una mucca in un kibbutz israeliano, nella loro nuova patria.

L'intervento del Vaticano

Da una rapida scorsa al dipanarsi di questa complicata e dolorosa vicenda si avverte immediatamente la complessità dei fattori in gioco. La Chiesa francese aveva esplicitamente vietato i battesimi dei bimbi ebrei salvati dalle istituzioni cattoliche (anche se abbiamo visto che vi furono episodi di disobbedienza). Non ci troviamo qui di fronte al caso di un battesimo amministrato da un'istituzione religiosa dove i bambini ebrei erano stati accolti. Il sacramento per i due

26 Tali voci sono ancora una volta dissipate da Kaplan in una lettera a Eastermann del 6 luglio 1953, CZA, C 10-734.

Finaly viene chiesto dalla donna che ne aveva ottenuto inizialmente la tutela: è lei che resiste e lo fa inizialmente ricorrendo alle vie legali, quindi rifiutandosi di restituire i piccoli e infine portandoli al di là del confine francese al solo fine di impedire il loro rientro in seno alla comunità d'origine. È lei che, pur sapendo dell'esistenza di parenti che li reclamano, decide di farli battezzare. Anche se, per cercare di tutelare le loro vite, i genitori di Robert e Gérald Finaly avevano dichiarato alle autorità di non avere figli, era documentata senza ombra di dubbio l'identità dei bambini e la loro appartenenza all'ebraismo, peraltro evidente dalla circoncisione. Se sono indubitabili le responsabilità e le «coperture» offerte da alcuni religiosi alla fuga attraverso i Pirenei, e soprattutto se ci appare dura la lettera con la quale il cardinale Pizzardo riafferma la dottrina ufficiale della Chiesa sul battesimo invitando la signora Brun a resistere, altrettanto vero e documentato è l'impegno diretto dei vertici della Conferenza episcopale francese per la soluzione del caso nel senso richiesto dalla comunità ebraica. Un impegno che non poteva non avere l'appoggio della Segreteria di Stato di Pio XII.

Vittorio Segre, all'epoca dei fatti, era addetto stampa dell'Ambasciata di Israele a Parigi. «È logico supporre», racconta oggi il diplomatico «che vi fosse un appoggio del Vaticano all'iniziativa messa in atto dal cardinale Gerlier attraverso la signorina Ribière, già segretaria di De Gaulle, incaricata di rintracciare i Finaly. La vicenda aveva avuto un'eco fortissima sulla stampa»[27]. Segre, che ha seguito il caso molto da vicino, sottolinea come non vi fosse «un contrasto tra la Chiesa cattolica e la comunità ebraica»: «La signorina Ribière lavorava in piena libertà, senza incontrare ostacoli nelle gerarchie. Le difficoltà vi furono, ma arrivarono da un livello molto più basso».

[27] Colloquio di Vittorio Segre con gli autori, 25 marzo 2005. Vittorio Segre e R.A. Segre (nome sempre usato per firmare gli articoli, cfr. quello citato nel capitolo precedente e pubblicato da «Il Giornale») sono la stessa persona.

Un'ulteriore conferma dell'esistenza di una duplice linea di azione in Vaticano per individuare spazi di manovra e di intervento tra la riaffermazione della dottrina e il realismo politico, è testimoniata dallo stesso Rabbino Jacob Kaplan, che come abbiamo visto era stato guida, portavoce e negoziatore della comunità ebraica durante l'«affaire» Finaly. Kaplan aveva dovuto superare divisioni interne alla propria comunità e far fronte a critiche durissime, come quella espressa dal rabbino André Zaoui, guida spirituale della sinagoga parigina di rue Copernic, che pubblicamente si era rivolto al Vaticano per chiedere la restituzione dei bambini e aveva informato la stampa della sua iniziativa, senza avere alcun mandato per agire in questo modo né dalla famiglia né dal Gran Rabbinato di Francia: «Aveva fatto pubblicare sui giornali», scrive Kaplan «un comunicato da rigettare, secondo il quale i punti di vista della Chiesa e della Sinagoga sarebbero inconciliabili; e aveva anche detto che il Vaticano non poteva autorizzare la rinuncia ai bambini anche se il battesimo era stato amministrato illecitamente. Un tale comunicato, piombando sulle manovre dei fanatici spagnoli, non poteva che incoraggiarli nel loro atteggiamento negativo»[28].

Abbiamo già elencato le condizioni previe per l'accordo del 6 marzo 1953, che Kaplan aveva posto alla Chiesa cattolica francese e che prevedevano la restituzione dei fratelli Finaly alla signora Rosner, la non ingerenza della Chiesa nella loro educazione e il non obbligo per loro di rimanere in Francia fino alla maggiore età.

Padre Chaillet, direttore del Comitato delle opere sociali della Resistenza (COSOR), aveva accettato queste condizioni del Rabbino capo ponendo a sua volta una condizione: il ritiro delle accuse verso tutti i religiosi coinvolti nel caso.

Pur se pressato dall'opposizione interna, che non riteneva giusto «accordarsi» con la Chiesa, Kaplan tiene duro sulla linea del compromesso: è certo infatti che in assenza di un

28 KAPLAN, *L'affaire Finaly*, cit., pp. 38-39.

tale compromesso, i fratelli Finaly sarebbero potuti rimanere per sempre in Spagna. Così, in una lettera del 7 maggio 1953, il Rabbino può scrivere: «Gli alti dignitari della Chiesa di Francia che hanno preso in mano la questione, hanno rinnovato, a più riprese, la promessa di restituire i bambini»[29].

Ciò è confermato da un telegramma di Armand Kaplan alla sede centrale del *World Jewish Congress*, di cui abbiamo una copia senza data (si tratta di un duplicato trasmesso via Radio-France conservato a negli archivi sionisti di Gerusalemme e da noi lì rintracciato).

> Il Gran Rabbinato – vi si legge – conferma il proseguimento del tentativo della Chiesa francese in Spagna per la restituzione dei bambini Finaly. L'azione resta senza risultato. Consigliamo d'intraprendere immediatamente una campagna pubblica[30].

Non è dunque la scarsa volontà della Chiesa francese di risolvere il caso Finaly a spingere gli ebrei a promuovere una campagna di stampa, ma l'assenza di una soluzione.

In una lettera del 6 maggio, troviamo poi la conferma diretta del fatto che Gerlier avesse una significativa sponda in Vaticano: «Devo dirvi che il cardinal Gerlier, che ha iniziato a muoversi per cercare di far ritornare i bambini, l'ha fatto con il consenso del Vaticano»[31].

Ci si potrebbe domandare con il consenso *di chi* in Vaticano, visti i toni e i contenuti della lettera del cardinale Pizzardo che abbiamo trascritto nelle pagine precedenti. Attraverso altri documenti e testimonianze risaliamo a Giovanni Battista Montini e ad Angelo Dell'Acqua.

Il rappresentante francese in Vaticano, Wladimir d'Ormesson incontra più volte i due prelati della Segreteria di

29 «Centre de Documentation Juive», Fondo Kaplan, (Ka-Fi-1), lettera di Kaplan a Rabi.

30 Duplicato senza data di un telegramma, via Radio-France, di Armand Kaplan a Maurice L. Perlzweig, CZA, C 10-1790.

31 «Centre de Documentation Juive», Fondo Kaplan, (Ka-Fi-1), lettera di Kaplan a Langer.

Stato di Pio XII, chiedendo alla Santa Sede «di usare tutta la sua influenza per appianate gli ultimi ostacoli che potrebbero opporsi alla decisione attesa dal governo francese». Qualche ecclesiastico francese ritiene che «la Segreteria di Stato e il Sant'Uffizio si rilanciassero la responsabilità»[32]. In ogni caso negli Archivi del ministero degli Affari Esteri la nota di sintesi sul caso giudica l'intervento della Santa Sede «determinante», mentre Dell'Acqua rivela «volontà di comprensione e acquietamento». Rivelatore è pure un altro testo, datato il 25 maggio 1953, nel quale sono riportate le istruzioni ricevute da Georges Bidault che l'ambasciatore prepara per il ministro degli Esteri. Vi si legge:

> Sul piano religioso, le istruzioni date dal Vaticano alla nunziatura di favorire il ritorno dei bambini testimoniano l'approvazione, accordata con conoscenza di causa, dalla Santa Sede, agli accordi intervenuti.

Il cardinale Gerlier, che dei vescovi d'oltralpe era presidente, non si sarebbe potuto quindi impegnare direttamente nel restituire i Finaly ai parenti israeliani senza l'assenso della Segreteria di Stato. Ecco la complessità di elementi che dovrebbe far riflettere lo storico prima di formulare giudizi drastici opponendo Pio XII al futuro Giovanni XXIII o la «gelida burocrazia» delle istruzioni del Sant'Uffizio alla pragmatica comprensione manifestata da Roncalli.

Non esistono, in realtà, questi due poli contrapposti: non c'è la Curia «cattiva» del «cattivo» papa Pacelli, e il nunzio apostolico «buono» che spalleggia i vescovi francesi. Due linee di condotta, due diverse interpretazioni sono infatti presenti – come dimostra il caso Finaly – all'interno della stessa Curia di Pio XII. Insieme alla riaffermazione da parte del Sant'Uffizio della dottrina tradizionale sul battesimo, secondo la quale a ogni battezzato deve essere garantita l'edu-

32 Così si esprime monsignor Maury, Presidente nazionale delle Opere pontificie missionarie.

cazione cristiana, si manifesta anche un atteggiamento molto più «morbido», che prende atto delle condizioni eccezionali nelle quali alcuni di questi battesimi sono stati amministrati e persegue soluzioni ragionevoli che non portino allo scontro con il popolo ebraico così provato dalla tragedia della *Shoah*. Entrambe queste linee di condotta possono essere fatte risalire a papa Pacelli, del quale Montini, Tardini e Dell'Acqua erano strettissimi collaboratori, anzi, «esecutori» delle sue direttive. L'attitudine conciliante di Roncalli, che fa proprie le istanze dell'episcopato di Francia, trova una sponda oltretevere. Di fronte a questa realtà, certe schematiche semplificazioni risultano incongrue per comprenderne la complessità.

Il caso Zandt

Quella di Wladimir Zandt è una storia dolorosa, che si affianca all'«affaire Finaly». È il caso di un bimbo ebreo scampato alla *Shoah*, adottato da una famiglia cattolica francese che l'ha fatto battezzare nascondendogli per anni le sue vere origini, e soprattutto non rivelandogli il fatto che uno zio americano nel dopoguerra lo aveva rintracciato e lo voleva tenere con sé. Anche questa vicenda documenta quanto complesse siano le singole storie dei bambini ebrei salvati, perché una parte considerevole di responsabilità, in questo come in altri casi, hanno avuto le autorità politiche della Francia liberata. Del caso Zandt si è occupato Marco Roncalli, giornalista e storico.

La madre di Zandt si chiamava Perla e aveva trent'anni. Arrestata nell'estate 1940, quando era già incinta, era stata rinchiusa nel campo di concentramento di Argelès-Perpignan, dov'era stata violentata dalla polizia francese. Ma lì, tra le baracche del campo, aveva incontrato un «angelo» che aveva il nome di Elisabeth Eidenbanz, una volontaria svizzera che l'aveva salvata da una morte atroce. Così Perla

Zandt, ebrea di origini polacche, la cui famiglia era originaria di Varsavia, aveva potuto dare alla luce il figlio Wladimir il 30 dicembre 1940. La donna e il suo piccolo di appena cinque mesi erano stati nuovamente arrestati nel giugno 1941 e rinchiusi nel campo di prigionia di Risvesaltes. Nonostante l'età del bambino, i due erano stati separati e sistemati in baracche poco distanti l'una dall'altra. Perla era riuscita a fuggire nuovamente pochi mesi dopo, e sentendosi braccata aveva temporaneamente affidato il piccolo Wladimir a una «balia», madame Renee, la moglie di un poliziotto francese antinazista, residente a Lione. La giovane madre ebrea aveva preso la decisione giusta per salvare la vita del figlio. Qualche tempo dopo, mentre si trovava nella sinagoga Tilsitt di Lione, era stata arrestata dai poliziotti di Paul Touvier e quindi il 31 luglio 1944 era stata rinchiusa nell'ultimo convoglio piombato destinato ad Auschwitz, da dove non sarebbe mai più tornata indietro.

Il bambino, nel frattempo, era stato affidato all'*Oeuvre de Secours des Enfants*, un'istituzione che si occupava dei bambini orfani o abbandonati. Sarà questa istituzione a consegnarlo a una famiglia cattolica francese, i Bobichon, che all'epoca non avevano figli ma ne stavano attendendo uno. Alla fine della guerra uno zio americano del ragazzo, Morris Sand, fratello di Perla, che vive a New York con la famiglia, presenta una regolare richiesta di adozione per accogliere Wladimir negli Stati Uniti. Nonostante i documenti siano regolari, le autorità francesi non concedono l'espatrio del bambino e non autorizzano il suo ricongiungimento alla famiglia. Si oppone anche la famiglia adottiva cattolica, che nel 1947 fa battezzare Wladimir con il nome di Guy Bobichon, e cambia pure indirizzo proprio per far perdere le tracce del ragazzo. «L'amministrazione francese», commenterà Zandt con amarezza «ha rifiutato i documenti legali di adozione presentati da mio zio».

Quando Wladimir-Guy compie tredici anni, i genitori adottivi gli rivelano per la prima volta che egli non è loro figlio naturale e che la sua vera madre era morta durante la guerra. Il giovane è educato in un collegio cattolico, alla domenica canta nel coro, ogni sabato si confessa. Scopre le sue origini ebraiche all'età di sedici anni ma soltanto molto tempo dopo riuscirà a ricostruire la vera storia della sua famiglia.

Nel marzo 2002 le autorità francesi hanno riconosciuto la loro responsabilità nella vicenda di Wladimir Zandt, il quale ha anche scritto una lettera a Giovanni Paolo II: «A dodici anni – scrive – il mio *Barmitzva* è stato rimpiazzato dalla vostra comunione... A sedici anni quei *Goym*[33] dei miei genitori adottivi mi hanno detto che io non ero loro figlio. Indicatemi per favore – chiede Wladimir nella lettera a papa Wojtyla – la procedura per rinnegare ufficialmente quel battesimo che mi è stato imposto all'età di sei anni, sotto un falso nome, con un documento che rappresenta un falso penalmente perseguibile».

Dobbiamo ricordare ancora una volta che la Conferenza episcopale francese aveva ordinato di non battezzare i bambini ebrei ospiti delle istituzioni cattoliche durante il periodo della persecuzione, anche se proprio in Francia si erano verificati alcuni casi di «disobbedienza». La decisione di battezzare il piccolo ebreo, anche in questo caso, non era stata presa dall'autorità ecclesiastica, ma dalla famiglia cattolica che lo aveva ospitato. Ed è pure interessante notare il ruolo importante avuto nella vicenda dalle autorità francesi, che non vollero prendere in considerazione i documenti presentati dai parenti americani del ragazzo.

«È una vicenda drammatica», fa osservare Marco Roncalli «ma in questa storia complessa vediamo come siano implicati i servizi francesi, i ministeri di tutela, la burocrazia della Francia del dopoguerra. E ci viene anche mostrato che cosa era il regime di Vichy, dato che Perla Zandt, la madre di Wladimir, era stata rinchiusa in campi di prigionia costruiti

[33] Termine usato dagli ebrei per indicare i non ebrei.

sul suolo francese. Mi colpisce il fatto che solo nel 2002, la Francia abbia ammesso ufficialmente la sua responsabilità nei confronti di quest'uomo, della sua famiglia. Accanto al discorso sulla responsabilità dello Stato occorrerebbe approfondire anche quello della sua laicità, dei valori repubblicani, delle leggi civili sulle adozioni. Ecco, davanti alle polemiche scaturite dalla pubblicazione del documento sulle colonne del "Corriere della Sera", davanti a vicende che sono state presentate solo con connotazioni religiose, questa storia fa capire la complessità dei problemi».

IN CONCLUSIONE

Alla fine di questo percorso di ricerca, non pretendiamo certo di aver esaurito un tema così complesso come quello che, per sintesi, abbiamo definito «i battesimi della *Shoah*». Prima di proporre al lettore alcune riflessioni finali, ci sembra però doverosa un'ultima postilla. Anche questo nostro studio, alla pari dei precedenti, potrà essere liquidato come «apologetico», se non addirittura finalizzato a promuovere la causa di beatificazione di Pacelli, come qualcuno ha già fatto definendo in questo modo il lavoro svolto su questo caso nel gennaio del 2005. Non varrebbe la pena di soffermarsi su questo punto, se non per rilevare un curioso fenomeno: lo studioso di Pio XII, se presenta una ricostruzione dei fatti storici che risulta essere in qualunque modo favorevole a Pacelli, può essere solo un apologeta, un collaboratore occulto della Congregazione delle cause dei santi o un ingenuo ricercatore che si presta ad oscure manovre vaticane per l'occultamento della verità. Se viceversa lo studioso offre una versione dei fatti che alimenta quella che è diventata una vera e propria «leggenda nera», allora il discorso cambia e anche se le sue tesi non sono poi così documentate, la sua autorevolezza e credibilità aumentano in proporzione alla pervicacia delle sue accuse contro Pio XII. Il confronto così diventa impari specialmente di fronte alla quantità di titoli accusatori ospitati nei cataloghi dei maggiori editori internazionali. Il caso di Daniel Goldhagen ci sembra paradigmatico. Gli "apologeti" di Pio XII si trovano allora lacerati da un dubbio: se valga ancora la pena continuare a confrontarsi sulle fonti e specialmente sui documenti d'archivio; o se, messi da parte gli infingimenti e il diplomatico *bon ton*, non sia più utile dissipare preziose ore di lavoro nella sistematica demolizione di tanti luoghi comuni della storiografia "antipacelliana", dato che nemmeno il continuo richiamo ai documenti cancellerà l'etichetta dispregiativa di "apologeti" con la quale alcuni bollano il lavoro di altri, spesso soltanto sulla base del pregiudizio.

A tal proposito, varrebbe la pena di mettersi a studiare quel fenomeno che abbiamo definito "ipologetica": in questa categoria vanno annoverati coloro che, studiando Pio XII, hanno utilizzato i documenti *ad usum*, tagliandoli, omettendoli e costruendo le loro interpretazioni sulla base di *serial quotations* (citazioni in serie) così confezionate. O, peggio, coloro che pretendono d'istruire contro Pacelli una "causa di demonizzazione", come fa esemplarmente Goldhagen.

Ma tenendo al civile confronto con studiosi anche di diverso orientamento dal nostro, e non coi polemisti, anche in questo libro ci siamo attenuti al solito metodo: far parlare le carte, senza atteggiamenti sprezzanti verso chi la pensa diversamente, per cercare di aggiungere qualche tassello al *puzzle* della verità storica. Ci siamo riusciti? Il lettore trarrà le sue conclusioni. Ma crediamo di aver dimostrato, per lo meno, che il «caso» sollevato da Melloni era ben più complesso di come ci è stato presentato. Crediamo di aver dimostrato che non esisteva un Vaticano di Pio XII «cattivo» e «insensibile», capace di «ordini agghiaccianti», e un Roncalli «buono» e accomodante, che si rifiutava di eseguire gli ordini dei superiori.

La realtà dei fatti, come si è visto, è ben diversa. Il documento pubblicato da Melloni, non essendo del 20 ma del 23 ottobre 1946, implica la possibilità che a prepararlo, o perlomeno a curarne la supervisione, sia stato proprio il nunzio a Parigi Roncalli, il futuro Giovanni XXIII, tornato dalle ferie il 22 ottobre, e che proprio il giorno dopo pranzerà in nunziatura coi cardinali e con gli arcivescovi di Francia.

La seconda interessante rivelazione documentaria, quella di una lettera di Roncalli a Herzog datata 19 luglio 1946, non dovrebbe inoltre considerarsi tale, visto che si tratterebbe di una lettera non "di" Roncalli, ma dei Rabbini francesi "a" Roncalli.

Vi sono poi alcuni problemi tecnici che abbiamo ritenuto di dover segnalare nella ricostruzione di Melloni. Lo studioso ha pubblicato il documento con gli «ordini agghiaccianti» per il nunzio Roncalli traducendolo dal francese. Ma il Vaticano e il nunzio comunicavano in italiano. Ben presto è parso chiaro che si trattava in verità non delle istruzioni vere e proprie del Sant'Uffizio, ma di un riassunto preparato dalla nunziatura per i vescovi francesi. Che ruolo vi giocò Roncalli? E perché si attese il 30 aprile 1947 per consegnare quella "traduzione" ai vescovi?

Inizialmente Melloni non aveva comunicato la fonte del documento: dire che esso è stato tratto dagli Archivi della Chiesa di Francia è troppo generico. Di quali archivi realmente si trattava? Le nostre ricerche hanno dato una risposta appena due giorni dopo lo *scoop*, identificando precisamente l'archivio in cui il documento in questione si trovava. Pochi altri giorni ancora, e siamo stati in grado di pubblicare non solo l'originale francese (peraltro già riprodotto in Francia da «La Croix» e in Italia da «Avvenire»), ma anche le istruzioni originarie di Tardini, che trascrivevano «a parola» le decisioni del Sant'Uffizio. Confrontando l'originale del dispaccio di Tardini e il documento pubblicato da Melloni, e facendo uso di altra documentazione, è saltata subito agli occhi una situazione molto più articolata di quanto a prima vista non sembrasse.

Va detto anzitutto con estrema chiarezza che il Vaticano non ordinò a Roncalli di non restituire i bambini ebrei alle loro famiglie. Il caso sollevato riguardava infatti bambini orfani ospitati da istituzioni e da famiglie (cattoliche e no). Non di richieste da parte di genitori o parenti dunque si trattava, ma di richieste avanzate da non meglio precisate organizzazioni ebraiche, per scopi in quel momento non ancora chiari alle autorità vaticane. Oltretutto, le organizzazioni ebraiche erano in aspra competizione tra loro per assicurarsi i fanciulli ebrei, su cui avevano dei programmi spesso contrastanti: la "rieducazione" religiosa o laica (in certi casi comunista e atea), l'emigrazione in Palestina per creare le basi della "nuova Sion", l'affiliazione alla galassia di organizzazioni sioniste operanti in Europa, ecc.

Poteva il Vaticano accondiscendere subito e «in blocco» a queste richieste? Quale diritto naturale potevano accampare le «organizzazioni ebraiche» su quei bambini ebrei di cui il Vaticano si era occupato e continuava ad occuparsi, per poterne esercitare la tutela? E poi: che poteva fare il Vaticano di fronte a situazioni familiari consolidate in cui, bene o male, i bambini salvati dalla *Shoah* nei vari paesi risultassero legalmente in affidamento o adottati sulla base delle leggi nazionali? Abbiamo tentato qualche risposta nelle pagine precedenti e a quelle rimandiamo il lettore.

Ma in che cosa i due documenti, quello in italiano di Tardini e l'altro in francese della nunziatura parigina, differiscono?

Mentre nel documento pubblicato da Melloni le decisioni del Sant'Uffizio sono solo riassunte («La Congregazione del S.Uffizio – vi si legge – ha emesso una decisione che si può riassumere così»), il documento inviato da Tardini le riporta integralmente. Ce lo dice lo stesso mittente (che trascrive «a parola» le decisioni della «Suprema») e lo riconosce la stessa nunziatura nell'altro suo documento, da noi scoperto e pubblicato l'11 gennaio 2005 su «Il Giornale» e su VaticanFiles.net (ove si legge che «la Sacra Congregazione del Sant'Uffizio ha emesso una decisione che si riporta integralmente»).

Coesistono pertanto nei cosiddetti «archivi della Chiesa di Francia» due documenti prodotti dalla nunziatura francese: il primo, quello pubblicato da Melloni, che riassume le istruzioni vaticane; il secondo, da noi rivelato, che trascrivendo il dispaccio di Tardini ne riporta integralmente le istruzioni. Da ciò derivano due problemi, uno di metodo e l'altro d'interpretazione: perché il 28 dicembre 2004 si è pubblicato solo il *résumé* francese delle istruzioni vaticane e non anche la trascrizione letterale, dato che entrambi i documenti (insieme al terzo da noi pubblicato) erano nello stesso dossier archivistico? Constatata una sensibile differenza di significato fra i due testi, il riassunto e la trascrizione integrale, quale dei due prevale sull'altro?

Vi è poi un terzo problema più generale: perché, disponendo delle istruzioni originali, la nunziatura decise di riassumerle per i vescovi francesi, e non le tradusse invece integralmente dall'italiano? Non sarebbe stato più semplice approntare una fedele traduzione francese del dispaccio di Tardini, invece di limitarsi a riassumerlo?

Le differenze fra i due testi sono evidenti. Il "riassunto" (che fra l'altro non menziona la lettera di Herzog) non dice perché la Santa Sede ha deciso di non dare risposte per iscritto alle organizzazioni ebraiche. La versione più completa a tal riguardo spiega che si vogliono evitare abusi e distorsioni di qualsiasi scritto della Santa Sede. Inappropriato è poi il riassumere l'esigenza per la Chiesa di «fare le sue inchieste e osservazioni per discernere caso da caso» (secondo le istruzioni originali) con la formula «*faire ses investigations pour étudier chaque cas en particulier*» («fare le sue indagini per studiare ogni caso particolare»). «Discernere» è un verbo la cui portata biblica e teologica non consente di ridurlo al solo burocratico «studiare»; ed è questo un punto su cui gli esperti di Sacra Scrittura potrebbero dibattere a lungo.

Le istruzioni del Sant'Uffizio parlavano poi di «bambini che fossero stati eventualmente battezzati». L'avverbio «eventualmente» manca nel "riassunto" francese curato dalla nunziatura, per la quale bisogna parlare di «bambini che sono stati battezzati», dando per certa quella che per il Sant'Uffizio è solo un'eventualità, tuttavia verificatasi nei pochissimi casi da noi analizzati (segno che la nunziatura a Parigi aveva presenti le vicende segnalate dai vescovi francesi).

A questo punto i due documenti, a nostro avviso, divergono sensibilmente nei possibili significati delle istruzioni vaticane.

Il dispaccio di Tardini dice:

> Del resto anche quei bambini che non fossero battezzati e che non avessero più parenti, essendo stati affidati alla Chiesa che li ha presi in consegna, non possono ora finché non sono in grado di disporre di se stessi, essere dalla Chiesa abbandonati o consegnati a chi non ne avesse diritto. Altra cosa sarebbe se i bambini fossero richiesti dai parenti.

A queste parole corrisponde, nel riassunto pubblicato per la prima volta da Melloni il 28 dicembre, un sommario numerato in cui si legge:

> 4) I bambini che non hanno più i genitori e dei quali la Chiesa s'è fatta carico, non è conveniente che siano abbandonati dalla Chiesa stessa o affidati a persone che non hanno alcun diritto su di loro, a meno che non siano in grado di disporre di sé. Ciò evidentemente per i bambini che non fossero stati battezzati
>
> 5) Se i bambini sono stati affidati (alla Chiesa) dai loro genitori e se i genitori ora li reclamano, potranno essere restituiti, ammesso che i bambini stessi non abbiano ricevuto il battesimo. Si noti che questa decisione della Congregazione del Sant'Uffizio è stata approvata dal Santo Padre.

Prima di riproporre le nostre ipotesi di lavoro, esaminiamo due problemi interpretativi dei passi appena citati. La frase «del resto anche quei bambini ecc.» posta all'inizio del paragrafo di Tardini è male riassunta nella chiusa del documento di Melloni: «Ciò evidentemente per i bambini che non fossero stati battezzati». L'italiano «anche» non si traduce infatti col francese «évidemment».

Manca poi nel riassunto in francese della nunziatura una chiara esposizione della frase-chiave di Tardini: «Altra cosa sarebbe se i bambini fossero richiesti dai parenti». È del tutto evidente che il quinto punto del documento francese, non solo non riassume, ma amplifica indebitamente il senso di questa frase, non potendosi presentare come l'esatto corrispettivo di essa. Su tutto ciò, com'è noto, il dibattito si è fatto assai vivo. Ed è su questo punto che riproponiamo, in conclusione, le nostre ipotesi di lavoro.

La frase «anche quei bambini che non fossero battezzati» dell'originale vaticano si presta, a nostro sommesso avviso, ad un significato non univoco. Si potrebbe dire: Tardini parla «anche» dei bambini non battezzati, ma non solo di loro. Ci chiediamo cioè se l'avverbio «anche» e il verbo al condizionale non autorizzino a far rientrare nella casistica trattata in quel paragrafo anche i bambini ebrei battezzati. Se così fosse, la chiusa «altra cosa sarebbe se i bambini fossero richiesti dai parenti» riguarderebbe tutti i piccoli ebrei, battezzati e no, e pertanto smentirebbe quanti hanno parlato di un Pio XII rapitore di fanciulli, che avrebbe ordinato a Roncalli di non cedere di fronte alle "grida" dei genitori e dei parenti israeliti che li richiedevano.

Tuttavia, anche considerando la versione più corrispondente al testo quella che legge la frase «Altra cosa sarebbe ecc.» soltanto come riferibile ai bambini non battezzati, dalle carte, dall'esame delle testimonianze e dei casi concreti emerge una verità diversa rispetto a quella che troppo in fretta ci è stata presentata, come ha fatto notare anche «La Civiltà Cattolica». I documenti da noi esaminati e proposti in questo libro, e l'autorevole ed equilibrato dibattito scaturito in seguito allo *scoop* del «Corriere della Sera» e alle nostre rivelazioni (pensiamo in particolare, oltre alla già citata «Civiltà Cattolica», a «Vita e Pensiero» e a «30Giorni»), dimostrano ampiamente che è possibile una seconda pista di ricerca: la Santa Sede, pur di fronte al rigore dottrinario, optò per una soluzione "politica", lasciata alla discrezione e al buon senso dei vescovi francesi, dei pochissimi casi di bambini ebrei battezzati, ai quali peraltro il sacramento era stato amministrato contro il volere della Gerarchia. Ancora una volta, quindi, non siamo di fronte a un Pio XII «rapitore di bambini», a un Papa che, secondo la facile ironia dell'agenzia di stampa *Adista*, avrebbe detto: «Lasciate che i pargoli restino a me».

Ciò detto, qualche altra obiezione alla nostra presentazione potrebbe essere mossa. Si potrebbe dire che decisioni di enorme portata, quali quelle del Sant'Uffizio, non potevano essere distorte da un diplomatico di lungo corso come Roncalli, peraltro in un documento inviato a uno dei maggiori cardinali di Francia. Vero. Ma noi non abbiamo mai parlato di distorsione o, peggio, di manipolazione. Abbiamo solo parlato di un riassunto dalla «formulazione indiretta poco felice» (per usare la stessa espressione di «La Civiltà Cattolica»). Se si pensa che tradurre è un po' tradire, figuriamoci il riassumere e poi tradurre. E con tutto ciò resta la domanda: non sarebbe stato più semplice, per la nunziatura, anziché riassumere, tradurre integralmente il dispaccio di Tardini, e inviare quello ai vescovi francesi?

Una seconda obiezione che ci si potrebbe muovere è la seguente. «Un certo abate Blanc»[1], collaboratore alla segreteria della Conferenza episcopale francese, nel novembre del 1946 cerca di giustificare le istruzioni del Sant'Uffizio e di addolcirne i toni. Perché l'abate fa questo se le istruzioni vaticane lasciavano già un certo spazio di manovra ai vescovi francesi? Su questo occorre un chiarimento. Ciò che Blanc cerca di giustificare e di addolcire non sono le istruzioni di Tardini, ma il riassunto in francese fattone dalla nunziatura parigina; come si evince dalle stesse parole del curatore delle agende di Roncalli, Étienne Fouilloux[2]. In secondo luogo, l'edulcorazione dell'abate Blanc è del tutto inutile, giacché, come emerge dalle note manoscritte, il riassunto della nunziatura giunge ai vescovi francesi in tutta la sua "durezza" il

1 Così Étienne Fouilloux nell'intervista rilasciata ad «Avvenire» il 5 gennaio 2005, p. 26.

2 *Ibid.*

30 aprile 1947. In terzo luogo, se il «certo abate Blanc» è quel Maurice Blanc, segretario dell'Unione missionaria del clero, che Roncalli sa essere «in cattiva postura canonica»[3], non vediamo come il suo ruolo e la sua condizione possano fare di lui un utile «dolcificante» degli ordini vaticani, o meglio un canale ideale del dialogo tra la nunziatura e i vescovi francesi.

Più interessante è un'altra possibile obiezione. Anche il dispaccio di Tardini viene inoltrato ai vescovi francesi insieme al riassunto in francese fatto dalla nunziatura. Perché dunque sopravvive e circola solo quest'ultimo se il documento "vero" è quello di Tardini? A questo dubbio assai pertinente si potrebbe rispondere con un argomento abbastanza banale, ma probabilmente il più vero: la conferenza episcopale francese voleva un testo in francese delle istruzioni del Sant'Uffizio, che promanasse da un canale ufficiale. La nunziatura, anziché tradurre integralmente il dispaccio di Tardini, predispose un riassunto del suo contenuto. Forse sarebbe stata più opportuna la prima scelta, e non sappiamo perché si sia optato per il *résumé*.

Allo stato della documentazione, la conclusione che possiamo trarre è che non esiste una traduzione integrale in francese delle istruzioni di Tardini del 28 settembre 1946 (la via più facile per evitare equivoci), ma solo una prova del loro inoltro ai vescovi francesi nell'originario testo italiano, accompagnato dal riassunto in francese. A margine va notato che, anche nel dibattito seguito alla scoperta di Melloni, è sopravvissuta solo la nota in francese della nunziatura, prima che fossimo noi a scoprire anche il dispaccio di Tardini, nello stesso dossier in cui la nota era contenuta.

Un'ultima obiezione ci si potrebbe muovere: come mai, se davvero il dispaccio di Tardini offre la via d'uscita diplomatica alla delicata questione dei bimbi ebrei battezzati, nel 1953 si verifica un caso Finaly in cui non si utilizza lo "spi-

[3] Cfr. RONCALLI, *Anni di Francia...*, cit. p. 242 (30 ottobre 1946).

raglio" del 1946, alimentando un aspro contenzioso che coinvolge autorità ebraiche, Segreteria di Stato e Sant'Uffizio? Come mai Pio XII tollera i toni della lettera di Pizzardo del 23 gennaio 1953, di cui abbiamo parlato nel capitolo precedente? La risposta possibile a tali importanti quesiti può essere articolata in vari argomenti. Anzitutto, per il Vaticano è importante «discernere» ogni singolo caso, valutare attentamente ogni situazione individuale. Lo fa nel 1946, lo fa l'anno dopo risolvendo un contenzioso in Italia, e lo fa nel 1953 in occasione dell'affare Finaly, con quel buonsenso che tempera il rigore dottrinario espresso nella lettera di Pizzardo. Anche se in merito a questa lettera, a ben leggerla, vanno proposte alcune osservazioni. In primo luogo, il rigore dottrinario di mons. Pizzardo e del Sant'Uffizio è riferito non all'amministrazione abusiva del battesimo dei Finaly, ma alle sue particolari «conseguenze», ossia alla «libera scelta» dei ragazzi, nell'età della ragione, di restare nella fede cattolica; il che andava a "sanare" l'antico abuso. In secondo luogo, nella lettera non si ravvisa la strenua resistenza che si potrebbe pensare, consigliando Pizzardo di usare «*per modum facti* tutti i mezzi che possono ritardare l'esecuzione di una sentenza che viola i diritti» che la Chiesa difende. Ma, ammonisce Pizzardo «questa resistenza non dovrà spingersi al punto di causare gravi danni, sia alla persona, sia alla Chiesa». La lettera, va poi osservato, non contiene alcuna menzione di un'approvazione papale ai suoi contenuti, data a Pizzardo o al Sant'Uffizio. E abbiamo potuto già esaminare come si è mossa la Santa Sede per risolvere il caso. E c'è poi un'osservazione finale: avrebbe mai potuto la fida collaboratrice del cardinal Gerlier nell'affare Finaly, Germaine Ribière, pubblicare la lettera di Pizzardo se questa avesse posto in così cattiva luce la Chiesa cattolica? Ritornano alla mente le parole detteci da Vittorio Segre: «È logico supporre che vi fosse un appoggio del Vaticano all'iniziativa messa in atto dal cardinale Gerlier attraverso la signorina Ribière, già segretaria di De Gaulle, incaricata di rintracciare i Finaly» e di restituirli ai parenti israeliti.

La delicata vicenda dei «battesimi della *Shoah*» presenta dunque caratteri molto più complessi di quelli che gli sono stati attribuiti il 28 dicembre 2004. Rendere conto di tale realtà prismatica in un libro come questo è stata un'operazione rischiosa, e siamo certi di non aver esaurito il discorso, ma soltanto incominciato un percorso. Speriamo, se non altro, di aver dimostrato che la storia non è un'arte figurativa, ove una fantasia sbrigliata può produrre libere rappresentazioni sganciate dalle realtà umane. La storia, noi pensiamo, è qualcosa di ben diverso, a meno che non la si voglia distorcere con ideologie o preconcetti.

APPENDICI

Appendice I

I DOCUMENTI SUL CASO DEI BIMBI EBREI BATTEZZATI

Documento N. 1

L'Ambasciatore italiano presso la Santa Sede, Babuscio Rizzo, al Ministro degli Esteri italiano Sforza, 1° dicembre 1945, tel. 3331/1406

Oggetto: Udienza del Santo Padre a un gruppo di profughi ebrei

Giovedì 29 novembre il Papa ha ricevuto un gruppo di 70 delegati di dodici diverse nazionalità, partecipanti al Congresso di profughi ebrei in Italia. Il Rabbino Elezier Jeruscinalmi, di Bialistok, in Polonia, ha pronunciato brevi parole di ringraziamento al Papa per l'opera svolta a favore degli ebrei e il rag. Rodolfo Grani, di Fiume, ha letto un indirizzo nel quale ha detto che partecipano al congresso che si svolge a Roma 140 delegati rappresentanti di 26 mila profughi che, uniti agli ebrei già internati in Italia, aspettano di poter raggiungere la Palestina. Ha ricordato vari episodi della feroce persecuzione nazista.

Tutti i giornali hanno riportano per esteso o in sunto la parola del Pontefice. Per documentazione trasmetto lo stralcio dell'Osservatore Romano[1].

Nei circoli vaticani si ricorda con l'occasione che esiste un movimento, l'*Amicizia cristiano-ebraica*, che si occupa di migliorare i rapporti tra i credenti delle due convinzioni religiose. Da parte cattolica si interessano del movimento due religiosi cappuccini, il P. Benedetto, francese, e il P. Callisto, tedesco, oltre all'italiano P. Nannetti.

[1] Non pubblicato.

In generale si fa osservare che i rapporti tra cattolici ed ebrei in Roma continuano ad essere cordiali come sempre sono stati. All'inaugurazione dell'anno scolastico dell'asilo israelitico hanno preso parte il suddetto P. Benedetto e Mons. Ercole del Vicariato di Roma, i quali avevano aderito all'invito loro rivolto dalla direzione dell'Istituto.

[Fonte: Archivio Storico Diplomatico del Ministero degli Affari Esteri, Serie *Affari Politici 1946-50*, "Santa Sede", busta 1]

Documento N. 2

L'Ambasciatore italiano a Washington, Tarchiani, al Ministro degli Esteri Sforza, 15 gennaio 1946, tel. 724/164

È recentemente qui rientrato dall'Europa, dove ha svolto le funzioni di Direttore per l'Italia e i Balcani, del Joint Distribution Committee per l'aiuto ai rifugiati ebrei, il Signor Reuben B. Resnik.

In un'intervista concessa ieri alla stampa il Signor Resnik ha tra l'altro detto che, sia gli ebrei abitualmente residenti in Italia, che quelli che vi avevano trovato rifugio durante il periodo delle persecuzioni, dovranno affrontare un duro inverno di malattie e forse anche di fame.

Approfittando dell'occasione per sincronizzare la sua intervista col leitmotiv della propaganda sionista in questo paese, il Resnik ha aggiunto che a tale stato di cose non vi è altro rimedio che la immediata apertura della Palestina alla incondizionata immigrazione ebraica.

Prendendo lo spunto dalle attuali disagiate condizioni degli ebrei rifugiati in Italia, il Signor Resnik ha ritenuto di sottolineare l'efficace aiuto segretamente dato agli ebrei durante il periodo dell'occupazione nazista dalla Chiesa cattolica e da moltissimi cittadini italiani.

Migliaia di ebrei – ha testualmente dichiarato il Signor Resnik – devono la loro vita a cittadini italiani ed alla Chiesa cattolica, che attraverso i suoi Rappresentanti, dai Cardinali agli umili parroci di campagna, ha offerto loro cibo ed aiuto. Uomini, donne e bambini hanno trovato rifugio nei conventi, negli asili e persino nei manicomi a cura di amici cattolici, i quali li hanno anche muniti di documenti d'identità falsi, di false carte alimentari ed in genere di ogni documento necessario per sfuggire alle persecuzioni naziste.

Come esempio della liberalità colla quale la Chiesa cattolica ha trattato gli ebrei, il Resnik ha citato l'ospitalità concessa dai frati del Convento di San Francesco d'Assisi ai rifugiati, i quali hanno potuto svolgere i loro riti nei sotterranei stessi del tempio francescano.

Alla fine dell'intervista il Signor Resnik ha sottolineato l'importanza che avrebbe, al fine di migliorare le condizioni dei rifugiati ebrei, una soluzione della questione palestinese nel senso richiesto dalle comunità sioniste, ma ha soprattutto insistito sulla necessità di addivenire ad una sistemazione di essi comunque e dovunque sia possibile, in modo da evitare che essi abbiano a soffrire ancora nei campi di raccolta.

[Fonte: Archivio Storico Diplomatico del Ministero degli Affari Esteri, Serie *Affari Politici 1946-50*, "Santa Sede", busta 1]

DOCUMENTO N. 3

Lettera del Rabbino Capo di Terrasanta Isaac Herzog a Pio XII, 12 marzo 1946.

Santità,

Secondo il desiderio da Lei espresso al termine dell'udienza che ha voluto benignamente concedermi, mi permetto di sottoporle per iscritto la mia petizione, a nome di tutto il popolo di Israele. Il popolo ebraico ricorderà sempre con profonda gratitudine l'aiuto dato ad un così alto numero di suoi fratelli sofferenti durante la persecuzione nazista, sia dalla Santa Sede in generale che da decine di vescovi e di sacerdoti cattolici in tutta l'Europa. Fra coloro che sono scampati allo sterminio, trovando rifugio nei conventi cattolici e in case private, vi erano migliaia di bambini ebrei. I genitori di questi bambini non ci sono più, ed è mio compito – come leader spirituale ebreo in Terrasanta – perorare la loro causa dinanzi a Sua Santità. Sono venuto a Roma per chiedere il Suo sostegno affinché tutti questi bambini vengano restituiti alla loro gente. La disposizione richiesta, emanata da Sua Santità, verso coloro che hanno attualmente in carico questi bambini, si tradurrebbe – non ne dubitiamo – nella loro immediata restituzione. In tutti i paesi interessati sono già disponibili delle apposite organizzazioni ebraiche, che dispongono dei mezzi per prendere in carico i bambini, e io stesso nominerò delle commissioni rabbiniche, che provvederanno al loro trasferimento e alla loro futura educazione e istruzione. Sappiamo che molte centinaia di loro sono stati già restituiti al luogo da cui erano stati strappati. Ve ne sono però molti che non hanno ancora fatto ritorno. Per esempio, solo in Polonia si ritiene che almeno tremila bambini ebrei si trovino ancora nei conventi cattolici e nelle case private di famiglie cattoliche.

Non occorre sottolineare quanta importanza abbiano questi bambini per il giudaismo e per il popolo ebraico. Durante il recente olocausto abbiamo perduto circa un milione e duecentomila bambini. Certamente, Sua Santità comprenderà il valore e l'urgenza del nostro storico appello, affinché i piccoli, scampati a un eccidio senza precedenti, non debbano esserci negati. Per le centinaia di milioni di uomini di fede cattolica, si tratta di un numero insignificante. Ma per la gente di Israele così duramente colpita, ognuno di loro vale come mille.

Una risposta favorevole da parte di Sua Santità costituirebbe un atto di grande generosità, un gesto di clemenza verso il più martirizzato di tutti i popoli, un'azione destinata a rafforzare la fede nella fratellanza di tutti gli uomini. In un mondo sconvolto dalla paura e dallo sconforto, questo infonderebbe fiducia e speranza. Vorrei anche menzionare a Sua Santità la necessità di intervenire contro i tentativi di far rivivere il veleno dell'antisemitismo in certi paesi. Il trattamento degli ebrei rappresenta infatti il criterio di misura in cui un paese rispetta il principio dei diritti umani. Le parole nobili e vigorose pronunciate dal Suo predecessore sulla questione ebraica risuonano ancora fresche nella mente di tutti, e noi osiamo sperare che Sua Santità userà allo stesso modo la Sua forte influenza per combattere questa criminale semina di odio. Rinnovo i miei ringraziamenti per la cordiale udienza che Sua Santità ha voluto concedermi. Lascio la capitale del Cristianesimo con la speranza che Sua Santità continuerà a tendere una mano al popolo di Israele, sottoposto alla più atroce sofferenza che si sia mai verificata nel corso di duemila anni. Voglia Dio che la storia possa ricordare che, quando tutto era buio per il nostro popolo, Sua Santità accese per noi una luce di speranza!

Possa l'Onnipotente benedire Sua Santità e darLe buona salute e vigore per portare avanti i Suoi grandi sforzi nell'interesse dell'umanità sofferente. E come Dio disse ad Abramo: «...Io ti benedirò e benedirò tutti quelli che ti benediranno...». Così sia, Amen!

Il Vostro Isaac Herzog
Rabbino Capo in Terrasanta

[Fonte: «Il Giornale», 19 gennaio 2005 – Traduzione di Rosanna Cataldo]

DOCUMENTO N. 4

Nonciature apostolique de France n° 4516

Objet: Enfants Juifs confiée à des organisations catholiques au moment de la persécution

Paris ce (*sic*) 23 Octobre 1946

Au sujet des enfants juifs, qui, pendant l'occupation allemande, ont été confiés aux institutions et aux familles catholiques et qui sont maintenant réclamés par des institutions juives pour leur être remis, la S. Congregation du St Office a donné une décision que l'on peut résumer ainsi:

1) Eviter, autant que possible, de répondre par écrit aux autorités juives, mais le faire oralement.

2) Tout le fois qu'il sera nécessaire de répondre, il faudra dire que l'Église doit faire ses investigations pour étudier chaque cas en particulier;

3) Les enfants qui ont été baptisés ne pourraient être confiés aux institutions qui ne seraient pas a même d'assurer leur éducation chrétienne;

4) Pour les enfants qui n'ont plus leurs parents, étant donné que l'Église s'est chargée d'eux, il ne convient pas qu'ils soient aban-

donnés par l'Église ou confiés à des personnes qui n'auraient aucun droit sur eux, au moins jusqu'à ce qu'ils soient en mesure de disposer d'eux-mêmes. Ceci, évidemment, pour les enfant qui n'auraient pas été baptisés.

5) Si les enfants ont été confiés par les parents, et si les parents les réclament maintenant, pourvu que les enfants n'aient pas reçu le baptême, ils pourront leur être rendus.

Il est à noter que cette décision de la S. Congrégation du St Office a été approuvée par le St Père.

[Fonte: Centre National des Archives de l'Église de France, *Conférence des Evêques*, 7 CE 131]

Documento N. 5

Le probleme des enfants juifs accueillis par des oeuvres catholiques durant la guerre

Réponse donnée par le Saint Office et communiquée par S. Em. Mgr. Tardini à la Nonciature Apostolique de Paris par Lettre du 28 septembre 1946

Gli Eminentissimi Padri decisero che alla richiesta del Gran Rabbino di Gerusalemme non si dovesse rispondere, se ciò fosse possibile. In ogni caso, se qualche cosa fosse necessario dire in proposito, ciò doveva essere fatto oralmente, dato il pericolo di abuso, o di detorsione (*sic*) che potrebbe essere fatto di un qualsiasi scritto, in merito, proveniente dalla Santa Sede. Eventualmente dovrebbe dirsi che la Chiesa deve fare le sue inchieste e constatazioni per discernere caso da caso, essendo evidente che i bambini che fossero stati eventualmente battezzati non potrebbero essere affidati ad istituzioni che non possono garantire l'educazione cristiana di essi.

Del resto, anche quei bambini che non fossero battezzati e che non avessero più parenti, essendo stati affidati alla Chiesa, che li ha presi in consegna, non possono ora, finché non sono in grado di disporre di se stessi, essere dalla Chiesa abbandonati o consegnati a chi non ne avesse diritto. Altra cosa sarebbe se i bambini fossero richiesti dai parenti.

La decisione degli Eminentissimi Padri e i criteri, ora esposti, furono riferiti al Santo Padre nell'udienza del 28 marzo u.s. e sua Santità si degnò di accordare la Sua augusta approvazione.

[Fonte: Centre National des Archives de l'Église de France, *Conférence des Evêques*, 7 CE 131]

Documento N. 6

Nonciature apostolique de France n. 4516

Paris, ce (*sic*) 23 octobre 1946

Au sujet des enfants juifs, qui, pendant l'occupation allemande, ont été confiés aux institutions et aux familles catholiques et qui sont maintenant réclamés par des institutions juives pour leur être remis, la S. Congregation du St Office a donné une décision que l'on reporte intégralement:

«Gli Eminentissimi Padri decisero che alla richiesta del Gran Rabbino di Gerusalemme non si dovesse rispondere, se ciò fosse possibile. In ogni caso, se qualche cosa fosse necessario dire in proposito, ciò doveva essere fatto oralmente, dato il pericolo di abuso, o di detorsione che potrebbe essere fatto di un qualsiasi scritto, in merito, proveniente dalla Santa Sede. Eventualmente dovrebbe dirsi che la Chiesa deve fare le sue inchieste e constatazioni per discernere caso da caso, essendo evidente che i bambini che fossero stati eventualmente battezzati non potrebbero essere affidati ad istituzioni che non possono garantire l'educazione cristiana di essi.

Del resto, anche quei bambini che non fossero battezzati e che non avessero più parenti, essendo stati affidati alla Chiesa, che li ha presi in consegna, non possono ora, finché non sono in grado di disporre di se stessi, essere dalla Chiesa abbandonati o consegnati a chi non ne avesse diritto. Altra cosa sarebbe se i bambini fossero richiesti dai parenti.

La decisione degli Eminentissimi Padri e i criteri, ora esposti, furono riferiti al Santo Padre nell'udienza del 28 marzo u.s.

e Sua Santità si degnò di accordare la Sua augusta approvazione».

Extrait d'une lettre de S. Exc. Mgr. Tardini en date du 28 septembre 1946 prot. 6972/46.

[Fonte: Centre National des Archives de l'Église de France, *Conférence des Evêques*, 7 CE 131]

Documento N. 7

Dispaccio di Mons. Domenico Tardini al nunzio a Parigi Mons. Angelo Giuseppe Roncalli

Dal Vaticano, 28 settembre 1946, n. 6972/46

Eccellenza Reverendissima,

Pervenne regolarmente alla Segreteria di Stato il pregiato Rapporto dell'Eccellenza Vostra Reverendissima n. 4094/529 con i relativi allegati, circa i bambini ebrei.

Per augusto ordine del Santo Padre già la Suprema S. Congregazione del S. Offizio nell'Adunanza Plenaria di feria IV, 27 marzo u.s., aveva sottoposto agli E.mi Padri la questione generale concernente le richieste tendenti ad ottenere la cooperazione della Chiesa affinché i bambini giudei, affidati durante l'occupazione tedesca ad istituti e famiglie cattoliche, vengano ora consegnati ad istituzioni ebraiche. Avendo ora quest'Ufficio sottoposto alla detta Suprema S. Congregazione il Rapporto n. 4094/529, essa ha fatto conoscere le decisioni dell'Adunanza Plenaria sopra ricordata, che vengono qui trascritte a parola, per opportuna istruzione e norma dell'Eccellenza Vostra:

«Nella suddetta Adunanza gli E.mi Padri decisero che alla richiesta del Gran Rabbino di Gerusalemme non si dovesse rispondere, se ciò fosse possibile; in ogni caso, se qualche cosa fosse necessario dire in proposito, ciò doveva essere fatto oralmente, dato il pericolo di abuso e di detorsione che potrebbe essere fatto di un qualsiasi scritto in merito, proveniente dalla Santa Sede. Eventualmente dovrebbe dirsi che la Chiesa deve fare le sue inchieste e constatazioni per discernere caso per caso, essendo evidente che i bambini che fossero eventualmente battezzati non potranno essere affidati ad istituzioni che non possono garantire l'educazione cristiana di essi.

Del resto, anche quei bambini che non fossero battezzati e che non avessero più parenti, essendo stati affidati alla Chiesa, che li ha presi in consegna, non possono ora, finché non sono in grado di disporre di se stessi, essere dalla Chiesa abbandonati o consegnati a chi non ne avesse diritto. Altra cosa sarebbe se i bambini fossero richiesti dai parenti.

La decisione degli E.mi Padri e i criteri, ora esposti, furono riferiti al Santo Padre nell'Udienza del 28 marzo u.s. e Sua Santità si degnò accordare la Sua augusta approvazione.

Profitto della circostanza per riaffermarmi coi sensi di distinto ossequio

Di Vostra Eccellenza Reverendissima Dev.mo [D. Tardini]».

[Fonte: Segreteria di Stato, Archivio Storico della Sezione Rapporti con gli Stati, Città del Vaticano, citata in GIOVANNI SALE S.I., *La vicenda dei bambini ebrei salvati dall'Olocausto*, in «La Civiltà Cattolica», a. 156, quaderno 3711, 5 febbraio 2005, nota 4 alle pp. 225–226]

DOCUMENTO N. 8

Duplicato senza data di un telegramma, via Radio-France, di André Kaplan a Maurice L. Perlzweig

Worldgress Perlzweig
New York
Grand Rabbinat confirme poursuite tentative église française en Espagne pour restitution enfants Finaly Stop Action demeure sans résultat Stop Conseillons entreprendre immédiatement campagne publique.

Kaplan

[Fonte: Central Zionist Archives, Jerusalem, C 10-1790]

Appendice II

DALLE AGENDE INEDITE DEL NUNZIO APOSTOLICO A PARIGI ANGELO GIUSEPPE RONCALLI, 1949-1953

Israele e il problema dei dispersi:

5 gennaio 1949

Rare udienze, con tempo pessimo. Notevole il sigr. Fischer: rappr. officiale di Israele con un avvocato di Palestina in cerca di notizie per alcuni ebrei dispersi. Torna sempre la questione dello Stato Ebraico, e della difficoltà di parlarne. Questo Fischer di stamane conosce il Faris El-Kouri degli Arabi di Damasco di ieri. Purtroppo è guerra guerreggiata. Sono barbari tutti. Il S. Padre si preoccupa dei Luoghi Santi. E il Signore sembra così tardo ad occuparsene. Sono i beni della terra. Il suo regno non est de hoc mundo. Verità che troppo pochi intendono.

I cattolici progressisti francesi:

18 gennaio 1949

Visita importante, mgr. Chappoulie che mi espone l'o.d.g. della Adun. episcopale di domani. Mi soffermo su quanto concerne i Cattolici progressisti. Nel pomeriggio preparo una lettera privata per il Card. Suhard e la finisco colle parole di Gesù, ecco che torna il tempo in cui bisogna prendere borsa e bisaccia, e chi ha mantello lo venda per procurarsi una "spada". Mi occupai anche a preparare una lettera a mgr. Lotte per i suoi volumi sull'arte religiosa Fiamminga e Olandese. Altre visite mgr. Maroun, e due buoni deputati *neri* de la Haute Volta.

Sul padre Riccardo Lombardi, il "Microfono di Dio":

15 giugno 1949

[Coppola pranzo con Heim ore 13 - rue de Goulon 18. Poi all'Eau - vive ore 16.30. Loisy-sur-Seine (S. et. O.)]

Giornata piena: varie visite non tutte attese. Fra queste l'ing. Deponte di... Alle 13 il dejeuner in casa Coppola riuscì bene. C'era anche il com. Sommariva con Gisa. Nel pomeriggio mi recai all'Eau-Vive nel villino Maritain dove trovai gente di varia provenienza ed aspirazione. *Dummodo Cristus annuntiatur.*

A sera assistetti a S. Sulpizio all'ultima predica di P. Lombardi agli Italiani. Io lo trovai veramente ed *undequoque* degno apostolo di Nostro Signore; dispone di una eloquenza degna di S. Bernardino da Siena, degna di essere imitata dappertutto e specialmente in Francia.

Israele e Santa Sede: formalità protocollari:

8 luglio 1949

[Nel pomeriggio a Autun]

Alle 18 S. Infanzia e poi cena. Udienze: p. Antonelli o.f.m. di Roma in cerca di documenti per canonizzazioni, il rev. Francesco segret. dei Fratelli S.C. poi Maurice Denis, madame Weis, scrittrice e protestante, poi il sigr. Maurice Fischer, nominato Ministro di Stato d'Israele in visita di presentazione senza però che ancora ci sia il riconoscimento da parte della S. Sede. Nel pomeriggio esco a visitare il com. Sommariva e figlia Gisa a rue de la Paix 23, poi mgr. Beaussart di là alla S. Infanzia dove mi fermo a cena, presente Ammir. Las Casas, sempre buono ma un po' mal dicente e il prof. Le Bras e mgr. Ercole.

Il Sant'Uffizio e i "catto-comunisti":

14 luglio 1949

Leggo sui giornali il decreto del S. Officio che scomunica [...] quanti cattolici fanno professione di comunismo. A farlo apposta mi incontro subito coll'Amb. Russo Bogomolof che forse non sapeva ancora nulla ed assisto con lui alla rivista del 14 luglio, la gran festa nazionale. Alle 11,45 rivedo il Presid. Auriol che pure non conosceva la notizia e me ne espresse la più viva soddisfazione. Converrà ora star pronti anche all'imprevisto. *Dominus illuminatio mea et salus <mea> quem timebo?*[1]. Alle 17 battezzai in casa Charles-Roux il suo pronipotino Rodolfo Ladislao del Drago: colle debite autorizzazioni.

18 luglio 1949

A Lilla. Mia S. Messa nella cappella della Univ. Cattolica ai Settimanalisti. Al Vangelo discorso del Card. Liénart. Assistetti poi al discorso inaugurale di Charles Flory, e a mezzodì il pranzo in comune. Mio *toast* di cui il Card. e la folla dei convenuti mi ringraziarono. Marta e Maria nel convegno di Betania, il pane materiale e lo spirito, poi il Papa che ama la Francia, la sua paternità nel decreto del S.O. Fui ben capito ed applauditissimo. Finì col motto di Yves de Chartres "Cum Petro pugnare et cum Petro regnare". Partii subito. Il Card. Lienart fu amabilissimo. Nel ritorno mostrai al pittore Servelli e a mio nipote Enrico la cattedrale di Amiens. A sera arrivammo un po' stanchi. Ma io fui contento di non mancare alla festa di S. Vincenzo.

Pio XII:

16 settembre 1949

A Castelgandolfo. Giornata di gioia serena e riconoscente. Il S. Padre mi trattenne a lungo, oltre 3/4 d'ora su questioni gravi, e sempre amabilissimo. Non potevo desiderare di meglio: nessun rimprovero, grande conformità di vedute su tutto e lieto incoraggiamento. La sua salute però mi pare un po' *floscia*. *Dominus conservet eum*. Questo è per un Nunzio il più bel giorno dell'anno. Ne ringrazio Iddio. Al ritorno visitai le Fosse Ardeatine. Era con me il P. Antonio Di Gallo. In casa buon lavoro. Visitai S. Trinità dei Monti e vi incontrai Madre Vavassori di Medolago, una figlia dell'antico Vittorio.

[1] Alla data del 16 luglio, Roncalli annota nelle sue agende: «Alle 17,30 mi confesso da mgr. Beaussart. Scambio di tristezze. Dopo il Decreto del S. Officio».

28 settembre 1952

Ultima dies. Laetissima per la cara udienza del S. Padre a Castel Gandolfo "Mi rallegro tanto del bene che fa in Francia, e la ringrazio". Questo dettomi più volte, abbracciandomi a due riprese. Non potevo desiderare di più, né di meglio. Parlammo di molte cose: buona mia testimonianza dello spirito Francese ad ogni costo: sua inquietudine per i seminari (nota Calvet), per le nomine dei vescovi, doctores et pastores: miei sforzi a ricercare motivi di ottimismo. Insomma bellissima e confortante udienza. Poi mi recai alla cattedrale di Porto dal Card. Tisserant. Ottima impressione. Colazione a S. Carlo coi rosminiani e lieta cena in casa con Perico, Oddi, Livardi ecc., Perico carissimo fu sempre con me. A sera visita del can.co Papin, mgr. Dieci, Enrico fidanzato con la Terzi.

Il comunismo:

4 marzo 1950

Oggi mgr. Heim mi ha fatto il grande regalo di non mettere in lista alcuna visita. Lo ringrazio. L'aria però fuori si oscura. Stanotte e stamane scene scandalose da parte dei Comunisti alla Camera. Evidentemente è tutto un piano in esecuzione. Che il Signore ci aiuti. Purtroppo da parte dei buoni il sonno perdura. Fra una dormita e l'altra si fanno lamenti ma tutto poi si tace poi e si riprende la sonnolenza. Nel pomeriggio uscii per confessarmi: ed a sera ricevetti mgr. Leclerq, vescovo ausiliare. Parlai naturalmente di Boulier. Converrà bene far qualche cosa.

15 settembre 1952

La giornata nuvolosa si allieta colla venuta del prof. d. Vittorio Maconi sempre caro e giudizioso. Lo trattenni a colazione. Nel pomeriggio ricevetti don Meloni con suo fratello ed un amico di questi con due giovani sorelle spose dei due. Sono di Francia a Savigny dove don Meloni vice curato di Carvico si recò per battezzare due suoi nipotini. Poveri figli d'Italia obbligati alla emigrazione all'estero e al rischio a cui spesso soggiacciono di perdere la fede e colla fede tutto, tutto. Grande tristezza nel pensiero di questo fenomeno e dell'altro del comunismo che penetra anche in parrocchia e dissecca le antiche radici, delle buone e sane nostre famiglie.

Innovazioni liturgiche:

4 dicembre 1949

[Aubervilliers - Vespri ore 15 - Chiusa Anno Mariale 3, rue Ferragus, curé Pierre Petit. N. D. des Vertu]

Aspettai invano l'onorevole Andreotti che il cattivo tempo arrestò a Londra. Alle 11 mi recai a S. Severino per la Messa: buona riunione, ma innovazioni liturgiche che poco mi piacciono: *altare face au peuple*, era proprio necessario: poi quasi nessuna partecipazione alla liturgia: canti dell'800 ad ogni costo, avvolgenti tutto il rito: il discorso però di P. Boche s.j.: la Chiesa e la guerra era ben fatto. Non parlai: solo benedissi. Nel pomeriggio mi recai a Aubervilliers. Bella cerimonia: vesperi in ordine: buon discorso di P. Argenlieu, mie parole dopo il saluto e in mozzetta. Anche là l'altare face au peuple. Con che autorizzazione? Cosa da studiare e da regolare[2].

Gandhi:

13 gennaio 1950

[Gandi (*sic*) era un santo? Conf. P. Panici. Sala Jena - ore 18]

Ancora una giornata di raffreddore. Poche udienze. A sera mi sono recato alla sala "Jena" per una conferenza del P. Panici su "Gandi era un santo?". Mi accompagnavano mgr. Testa e Lambertini. Sala piena, signore in gran parte. L'oratore mi piacque benché la sua voce arrivasse un po' confusa al mio orecchio. Gandi è un'anima interessante forte di alcuni buoni principi ma come complesso di idee e di forme tutti affatto differenti dal Santo cattolico: p. e. S. Benedetto, S. Francesco di Assisi e Saverio, S. Francesco di Sales e Vincenzo dei Paoli. Fui contento di aver assistito a questa conferenza anche se avrà lasciato insoddisfatto qualche curioso.

[2] Ancora in data 2 dicembre 1951, Roncalli annotava nelle sue agende: «Assistetti con d. Bo alla Messa a S. Severino. Presi freddo e mi nocque. Musica assai migliorata ma la Messa *face au peuple* (con l'altare rivolto verso i fedeli, ndr.) una contraddizione grave alle leggi liturgiche. Tutto il Canone pronunciato a voce alta e non *in secreto* come prescrive il Messale: tutto così sino al *Pater Noster*. Avvertii in debito modo il parroco Connan della gravità di questo abuso e credo che sarà arrestato. Oh! Che pena con queste teste ardenti e un po' bislacche...».

La guerra di Corea:

30 giugno 1950

Udienze, p. Gayraud di Ankara, carissimo e m. Vinot segret. del Consiglio Economico Europeo. A mezzodì mg. Fallani e a sera il P. Barsotti dei missionari di Parma.

Nel pomeriggio car. Ferretti col Gen.

Il caldo di questi giorni e le punturelle quotidiane sono tentazione di stanchezza a cui cerco di resistere. L'orizzonte si carica di nubi. L'affare della Corea dove il Nord (comunista) cerca di occupare il sud, suscitando forte reazione è un cattivo segno. Stasera termina il mese del Sacro Cuore e si inizia la liturgia magnifica del prezioso sangue *qui redemit mundum.*

In difesa della Humani generis*:*

20 dicembre 1950

Udienze: mgr. De Vitte curé di S. Catherina di Lilla: m.elle Berger delle Figlie del Cuore di Maria: p. Luigi della S.S. Trinità (amm. d'Argenlieu) e il prof. Lenz Medoc anche lui eco di qualche lamento franco e tedesco dalla Encicl. *Humani Generis*[3]. Che burbanza ridicola di questi giovanetti scienziati che hanno ancora il lattime alla bocca e giudicano senza criterio né fondamento. La Chiesa poco importa. È la scienza che conta[4]. A sera alle 20,30 pranzo da mad. Abrami con mgr. Heim. Ritrovi di poca conclusione ma qualcosa di bene si riesce a fare. *Christus annuntiatur. In hoc gaudeo.*

I preti operai:

28 giugno 1951

[Petites Soeurs de la S. Vierge Stella Maris - Thomery - Fontainebleau e partenza ore 9 col can.co Lallemand 11. rue de Sevres]

Sono stato ben contento della conoscenza di queste piccole

[3] Lettera enciclica *Humani generis*: «Circa alcune false opinioni che minacciano di sovvertire i fondamenti della Chiesa cattolica», 22 agosto 1950.

[4] Scrive Roncalli il 26 febbraio 1951 nella sua agenda, a proposito di un incontro con monsignor Calvet: «Parlammo di parecchie cose, Pio X: "Humani generis". Necessità di vigilare sulla tendenza di protestantizzazione che soffia intorno».

Suore de la S. Vergine. Sono in fondo ciò che dovrebbero essere i "preti operai" ma lo sono oh! quanto meglio preparate, inspirate e disciplinate! Auguro di cuore che il Signore le prosperi e le benedica.

Per converso i "preti operai" più che mai appariscono in contrasto collo spirito sacerdotale. Ora la S. Sede provvede con debite norme. Non credo che potranno conformarvisi. Per tornare alla visita delle Piccole Suore dirò che essa mi fornisce l'occasione di amabile contatto coi parroci di Fontainebleau e di Tommery e di ammirare nuovi incanti della foresta. Visitai anche le Carmelite.

L'Affare Finaly:

20 febbraio 1953

Oggi mi recai a dejeuner dal Co. Bill nuovo Pres. Dell'O.S. di Malta: convitati coltissimi: fra di loro c'era Claudel Paolo e la sua signora. Mi accompagnò mgr. Perico. Il quale mi seguì nel pomeriggio nella visita di congedo al Presid. Auriol che fu come sempre amabilissimo. Mi parlò dell'affare Finaly a cui mostrai di non dare importanza e dei suoi ossequi al Santo Padre per l'onore consentitogli di impormi la beretta. Poi visita al S. Cuore di Montmartre: discendendo visita di congedo al Hotel Matignon al Presid. René Mayer. Tornato in casa lavoro di demontage per la preparazione delle valigie.

Appendice III

COMUNICATO DELLA DIREZIONE DI VATICAN FILES.NET 30 DICEMBRE 2004

In relazione al caso riguardante un Documento del Sant'Uffizio del 1946, recante disposizioni in merito ai bambini ebrei battezzati (cfr. «Corriere della Sera», 28 dicembre 2004), da fonti riservate ed autorevoli la Direzione di Vatican Files.net è in grado di rivelare quanto segue:

Il testo del documento del Sant'Uffizio recante la data del 20 ottobre 1946, e pubblicato il 28 dicembre 2004 sul «Corriere della Sera» è una sintesi assai parziale di un più ampio e lungo documento, peraltro molto più sfumato nei toni e nelle conclusioni, redatto nel marzo del 1946 dalla predetta Congregazione vaticana. Il testo pubblicato dal «Corriere della Sera», redatto in francese, non fa parte, in senso proprio, di istruzioni impartite dalla Santa Sede al nunzio a Parigi, mons. Angelo Giuseppe Roncalli (che con la Santa Sede notoriamente comunicava in italiano), bensì di indicazioni inviate ai vescovi francesi, certamente per il tramite di Roncalli, per alcuni casi su cui i vescovi avevano chiesto precise norme di comportamento.

La questione delle istruzioni del Sant'Uffizio è alquanto più complessa. Essa si lega indissolubilmente ad una lettera del 12 marzo 1946, inviata dal Rabbino Capo di Gerusalemme, Isaac Herzog, a Pio XII. Nella missiva l'eminente personalità ebraica esordiva ringraziando il Papa con toni commossi, come peraltro aveva fatto in precedenza, per l'efficace azione di soccorso prestata dalla Santa Sede, dai vescovi e dal clero cattolico, in favore degli ebrei durante la *Shoah*. Nella seconda parte della missiva il Rabbino toccava poi unicamente la questione di bambini ebrei che, rimasti orfani e presumibilmente inseriti in nuovi contesti familiari cattolici, si desiderava affidare in tutela ad istituzioni ebraiche. L'argomento principale adoperato dal Rabbino Herzog per avvalorare una tale richiesta stava nella considerazione che in quel momento i cattolici erano molto più numerosi degli ebrei, i quali in seguito alla *Shoah* avevano sofferto immani perdite; e che gli ebrei avevano ora impellente bisogno di ricostituire la loro identità comunitaria e religiosa grazie all'apporto di forze giovani che tornassero a professare la fede dei Padri.

Non si può escludere che, di fronte a tali considerazioni estranee a ragioni spirituali e teologiche, in Vaticano si sia pensato che questa richiesta fosse legata anche al progetto di costituzione di uno Stato d'Israele in Palestina: un progetto che, nonostante la *Shoah*, la comunità internazionale non era disposta a promuovere a cuore aperto.

In merito alla questione dei bambini ebrei, nelle more delle discussioni intanto avviate presso il Sant'Uffizio, dalle ricerche effettuate risulta che due prelati francesi, l'arcivescovo coadiutore di Cambrai, Émile Guerry, e l'arcivescovo di Lione, Pierre Gerlier, indirizzarono al nunzio apostolico a Parigi, mons. Roncalli, rispettivamente il 10 e il 18 agosto 1946, distinte missive in cui ragguagliavano il diplomatico vaticano sul caso dei bambini ebrei assistiti dalla Chiesa cattolica francese durante la Shoah. Guerry, in particolare, informava Roncalli che la Conferenza Episcopale Francese aveva dato tassative istruzioni che i bambini ebrei non fossero battezzati, se non in caso di pericolo di morte; ma che tuttavia alcune suore avevano disobbedito agli ordini, battezzando i bambini ebrei che esse ospitavano e commettendo pertanto un abuso. Su tutto questo, con apposito dispaccio, il Nunzio chiese istruzioni al Vaticano.

Per quanto riguarda l'Italia, si registra un caso solo: quello di una madre con due bambini che, ospitata in un convento per sfuggire ai rastrellamenti nazifascisti, decise di farsi cattolica e di far battezzare i figli; pretendendo poi, al termine della guerra, che la Santa Sede autorizzasse la loro «riconversione» all'ebraismo. Ma non si può escludere che, sia nel contesto italiano sia in quello francese, altri casi siano stati oggetto di discussione.

La questione dei bambini ebrei francesi nel frattempo subì un'evoluzione. Il 17 settembre 1946, il Sant'Uffizio inviò al Segretario per la Congregazione degli Affari Ecclesiastici Straordinari, mons. Tardini, un appunto contenente le norme di condotta generali riguardanti i bambini ebrei battezzati, ossia quelle elaborate fin dal marzo nel lungo e più sfumato documento, di cui quello pubblicato sul «Corriere della Sera» non è che un parziale estratto (peraltro con una chiusa irrituale, dal punto di vista protocollare). Sulla base di questo documento, Tardini rispose a Roncalli: ma non nei termini rigidamente indicati dal documento a tutti noto dalla stampa. La ferma indicazione della Santa Sede per il nunzio a Parigi fu di valutare caso per caso, con misura e discrezione, le situazioni lamentate, istruendo singoli dossier non appena lamentele o richieste di restituzione di bambini ebrei fossero state sottoposte alla sua attenzione.

Va ricordato che la questione dei bambini ebrei battezzati non riguardava solo coloro che avessero famiglia, ma anche gli orfani dei deportati morti nel Lager. Va altresì ricordato che, in quest'ultimo caso, non era chiaro alla Santa Sede su quali precise basi le istituzioni ebraiche richiedenti i fanciulli accampassero diritti di tutela su di essi.

Per ciò che concerne invece i bambini battezzati aventi famiglia, va considerato che non di rado si trattava di battesimi impartiti nel contesto di una conversione al Cattolicesimo dell'intero nucleo familiare, in un momento in cui, nel pieno della *Shoah*, tale conversione faceva venir meno gli aiuti delle organizzazioni di soccorso ebraiche, di cui si era potuto godere sino allora.

Non si può escludere inoltre che, in molti casi, occorreva considerare che gli orfani ebrei reclamati dalle istituzioni ebraiche si erano ormai ambientati in un nuovo contesto familiare di tipo «adottivo», dal quale era profondamente ingiusto recidere i legami.

Su queste basi, auspicando vivamente la pubblicazione dell'originale anastatico del documento riprodotto dal «Corriere della Sera» (onde capirne meglio le origini e coglierne eventuali correzioni, osservazioni e note a margine dei destinatari), la Direzione di Vatican Files.net ritiene oltremodo doveroso che si spieghi all'opinione pubblica precisamente da quale archivio il documento del Sant'Uffizio (o meglio: l'imperfetta sintesi di esso) è stato tratto: dando maggiori indicazioni della generica locuzione «Archivi della Chiesa di Francia» che si legge nella stampa.

Da parte nostra avanziamo una ipotesi: che il documento del Sant'Uffizio, apparso sul «Corriere della Sera» il 28 dicembre 2004, si trovi non in un vero e proprio archivio diocesano, ma presso il *Centre National des Archives de l'Église de France* (35 rue du Général-Leclerc, 92130 Issy-les-Moulineaux), e precisamente collocato nella Serie II, EF (*Église de France*), sottoserie: *Comité Catholique de l'Enfance*.

[Fonte: The VaticanFiles.net, all'indirizzo http://www.vaticanfiles.net/intelligence1.htm]

BIBLIOGRAFIA

Archivi

Archivio Storico-Diplomatico del Ministero degli Affari Esteri, Roma (Italia).
Central Zionist Archives, Gerusalemme (Israele).

Documenti editi

Actes et Documents du Saint-Siège relatifs à la seconde guerre mondiale (ADSS), Libreria Editrice Vaticana, Città del Vaticano 1965-1981.

Storiografia

M. MINGHETTI, *La Convenzione di settembre*, Bologna 1899.
ERNESTO BUONAIUTI, *Pio XII*, Universale, Roma 1946.
Unity in dispersion: a History of the World Jewish Congress, Institute of Jewish Affairs of the World Jewish Congress, New York, 1948[2].
EFRAIM DEQEL, *Seridey Cherev* [*Scampati alla spada*], Ministero della Difesa di Eretz-Israel, Tel Aviv 1961.
LEO KUBOVY (KUBOWITZKI), *Pope Pius XII and the Jewish,* in «Yad Vashem Studies», vol. VI, Jerusalem 1967, p. 22.
RAFFAELE DE CESARE, *Roma e lo Stato del Papa*, Longanesi, Milano 1970.
LÉON POLIAKOV, *Storia dell'antisemitismo*, vol. II: in *Da Maometto ai Marrani*, Firenze 1974.
ANDREA RICCARDI, *La Chiesa a Roma durante la Resistenza: l'ospitalità negli ambienti ecclesiastici*, in «Quaderni della Resistenza laziale» (1977), pp. 87-150.
PHILIPPE BOEGNER, *Ici on a aimé les Juifs*, éd. Jean-Claude Lattès, Paris 1982.
PIERRE BOLLE (éd.), *Le Plateau Vivarais-Lignon. Accueil et résistance 1939-1945. Actes du colloque du Chambon-sur-Lignon*, Société d'histoire de la montagne, Le Chambon-sur-Lignon 1992.

SERGIO MINERBI, *Un ebreo fra D'Annunzio e il sionismo: Raffaele Cantoni*, Bonacci, Roma 1992.
JACOB KAPLAN, *L'affaire Finaly*, Parigi 1993.
VITTORIO MESSORI, *Le cose della vita*, Milano 1995, p. 322.
SERGE KLARSFELD - SUSAN COHEN - HOWARD M. EPSTEIN (Eds.), *French Children of the Holocaust: A Memorial*, New York University Press, New York 1996 (ed. orig. *Mémorial des enfants juifs deportes de France*).
GERHART M. RIEGNER, *Ne jamais désespérer. Soixante années au service du peuple juif et des droits de l'homme*, Cerf, Paris 1998.
Correspondance Journet-Maritain, tome III: *1940-1949*, Saint-Augustin-Parole et Silence-Cerf, Paris 1998.
GERMAINE RIBIÈRE, *L'affaire Finaly. Ce que j'ai vécu*, Parigi 1998.
ANTONIO GASPARI, *Nascosti in convento*, Ancora Editrice, Milano 1999.
GIOVANNI XXIII, *Il Giornale dell'Anima e altri scritti di pietà*, a cura di Loris F. Capovilla, Cinisello Balsamo 1999[14].
CLAUDE COLLIN, *Montpellier-Grenoble, 1942. Eléments pour une histoire des organisations communistes juives en zone Sud*, in «Cahiers d'Histoire» 3 (1999).
ENZO FORCELLA, *La resistenza in convento*, Einaudi, Torino 1999.
BRUNO CHARMET, *Jacques Maritain et Pie XII. Quelques précisions d'ordre documentaire*, in «Sens» 2 (2000), pp. 101-106.
FRANCESCO MOTTO, *Non abbiamo fatto che il nostro dovere. Salesiani di Roma e del Lazio durante l'occupazione tedesca (1943-1944)*, Edizioni Las, Roma 2000.
SUSAN ZUCCOTTI, *Under His Very Windows. The Vatican and the Holocaust in Italy*, Yale U.P., New Haven-London 2000.
GIANCARLO ZIZOLA, *L'utopia di Papa Giovanni*, Cittadella Editrice, Assisi 2000[3], pp. 380-385.
MADELEINE COMTE, *Sauvetages et baptêmes: les religieuses de Notre-Dame de Sion face à la persécution des Juifs en France, 1940-1944*, L'Harmattan, Paris 2001.
ANTONIO GASPARI, *Gli ebrei salvati da Pio XII*, Edizioni Logos, Roma 2001.
TOM SEGEV, *Il Settimo Milione. Come l'Olocausto ha segnato la storia d'Israele*, Mondadori, Milano 2001.
ANDREA TORNIELLI, *Pio XII. Il Papa degli Ebrei*, Piemme, Casale Monferrato 2001.
MADELEINE COMTE, *De la conversion à la rencontre. Les religieuses des Notre-Dame-de-Sion (1843-1986)*, in «Archives Juives» 35/1 (1° semestre 2002).
GIOVANNI XXIII, *Questa Chiesa che tanto amo: lettere ai vescovi di Bergamo*, a cura di Antonio Pesenti, San Paolo, Cinisello Balsamo 2002.
MATTEO LUIGI NAPOLITANO, *Pio XII tra guerra e pace. Profezia e diplomazia di un papa (1939-1945)*, Città Nuova, Roma 2002.
GIULIO ANDREOTTI, *La fuga di Pio IX e l'ospitalità dei Borbone*, Roma 2003.
ENNIO DI NOLFO, *Dear Pope*, Roma 2003.

JEAN DUJARDIN, *L'Eglise catholique et le peuple juif. Un autre regard*, Calmann-Lévy, Paris 2003.
MARTIN GILBERT, *The Righteous. The unsung heroes of the Holocaust*, Reading, Black Swan 2003.
LUCIEN LAZARE, *Dictionnaire des Justes de France*, Librairie Arthème Fayard, Paris 2003.
HELENE ARJAKOVSKY-KLEPININ, *Father Dimitry Klepinin. Martyr of the Dora Concentration Camp*, in «In Communion», spring 2004.
WALTER BRANDMÜLLER, *L'Olocausto nella Slovacchia e la Chiesa Cattolica*, Libreria Editrice Vaticana, Città del Vaticano 2004.
KATY HAZAN, *Récupérer les enfants cachés: un impératif des œuvres juives dans l'après-guerre*, in «Archives Juives» 37/2 (2° semestre 2004), p. 23.
MATTEO LUIGI NAPOLITANO, *Angelo Roncalli-Giovanni XXIII*, Mondadori, Milano 2004.
MATTEO LUIGI NAPOLITANO - ANDREA TORNIELLI, *Il Papa che salvò gli Ebrei*, Piemme, Casale Monferrato 2004.
YVES CHEVALIER, *Le combat de Jacques Maritain contre l'antisémitisme*, in «Sens» 8 (2004), pp. 419-440.
ANGELO GIUSEPPE RONCALLI, *Anni di Francia. Agende del Nunzio 1945-1948*, a cura di Étienne Fouilloux, Fondazione dell'Istituto per le Scienze Religiose, Bologna 2004.
HAROLD H. TITTMANN JR., *Inside the Vatican of Pius XII. The Memoir of an American Diplomat during Word War Two*, edit. by Harold H. Tittmann III, Image, New York 2004.
MARINA CAFFIERO, *Battesimi forzati. Storie di ebrei, cristiani e convertiti nella Roma dei papi*, Viella, Roma 2004.
ALESSIA FALIFIGLI, *Salvati nei conventi. L'aiuto della Chiesa agli ebrei di Roma durante l'occupazione nazista*, San Paolo, Cinisello Balsamo 2005.
GIORGIO RUMI, *Cari colleghi, più equilibrio non guasta*, nel dossier *Affare Pio XII: la storia non è un tribunale*, in «Vita e Pensiero» a. LXXXVIII, 1 (gennaio-febbraio 2005), p. 85.
GIOVANNI SALE S.I., *La vicenda dei bambini ebrei salvati dall'Olocausto*, in «La Civiltà Cattolica» 5 febbraio 2005, a. 156, quaderno 3711, p. 231
GIANNI VALENTE, *Pio XII, Roncalli e I bambini ebrei. I fatti e i pregiudizi*, in «30Giorni» a. XXIII, 1-2 (2005), p. 61.
GIAN MARIA VIAN, *L'Olocausto e la guerra dei documenti*, nel dossier *Affare Pio XII: la storia non è un tribunale*, in «Vita e pensiero» a. LXXXVIII, 1 (gennaio-febbraio 2005), .

INDICE DEI NOMI

INDICE GENERALE